Reinhold Ruthe
Mehr als ein Gefühl

Reinhold Ruthe

Mehr als ein Gefühl

Liebe. Wunschdenken und Wirklichkeit

Brendow
VERLAG + MEDIEN

Bibliografische Information der Deutschen Nationalbibliothek
Die Deutsche Nationalbibliothek verzeichnet diese Publikation in der Deutschen Nationalbibliografie; detaillierte bibliografische Daten sind im Internet über http://dnb.d-nb.de abrufbar.

ISBN 978-3-86506-466-0

Überarbeitete Neuauflage des Titels „So stell ich mir die Liebe vor. 16 Wege zum Du“ (Brendow, 1995)
Einbandgestaltung: Brendow Verlag, Moers
Titelfoto: shutterstock
Satz: Harfe PrintMedien, Bad Blankenburg
Druck und Verarbeitung: Nørhaven, Viborg
Printed in Denmark

www.brendow-verlag.de

Inhalt

Vorwort

Der wichtigste Faktor im Leben eines Menschen ist die Liebe. Sie wird tausendfach besungen und tausendfach beschrieben. Wenn in der deutschen Sprache jemand nach dem

- schönsten und missbrauchtesten,
- einfachsten und vieldeutigsten,
- stärksten und zartesten
- begehrtesten und heikelsten Wort sucht, stößt er auf das Wort Liebe.

Dieses geheimnisvolle und unbegreifliche Gefühl

- soll beglücken und berauschen,
- soll entzücken und verzaubern,
- soll Wohlgefühle und Innigkeit bereiten.

Liebe kann eine Zweierbeziehung, wenn sie falsch verstanden und falsch gedeutet wird, zur Hölle machen, kann zerstören und verderben.

Liebe ist ein Wort und hat viele Gesichter.
Liebe ist eine Kraft und setzt sich aus vielen Kräften zusammen.
Liebe ist ein Begriff und zeigt viele Missverständnisse.
Was drücken wir alles mit dem einen Wort Liebe aus?
Wir sprechen

- von Liebe zu Blonden und Schwarzen,
- von Liebe zu Sommer und Winter,
- von Liebe zu Musik und Sport,

- von Liebe zu Sauerkraut und Bratkartoffeln,
- von Liebe zur Prostituierten und von Liebe zu Gott.

Der Begriff ist vieldeutig: Wir sprechen von Elternliebe, von Nächstenliebe, von Selbstliebe, von Freundesliebe, von Feindesliebe, von Freiheitsliebe, von Tierliebe und von platonischer Liebe.

Der Unterschied kann nicht krasser sein. Jeder hat ein anderes Bild von Liebe vor Augen.
Jeder *hört* mit seiner Wahrnehmung,
jeder *sieht* mit seinen Augen,
jeder *empfindet* mit seinen Vorstellungen,
jeder *beschreibt* mit seinen Gefühlen.

Als Seelsorger, Berater und Therapeut war ich über 40 Jahre tätig und habe immer wieder über diese wunderbare Kraft der Liebe nachgedacht. Schon früher habe ich ein „Modell der Liebe" beschrieben und die wichtigsten 16 Erscheinungsformen formuliert. Dieses Modell, das mich vor wie nach überzeugt, habe ich gründlich überarbeitet und möchte es hier dem Leser vorstellen.

Mir ist wichtig:

- Liebe drückt sich auf mancherlei Weise aus und beschreibt viele Wege zum Du,
- Liebe kennzeichnet 17 Teilaspekte, die mir bedeutsam erscheinen, sie stehen nicht isoliert da, sondern sind untereinander wie durch ein Netz verknüpft,
- Liebe ist ein Zusammenspiel dieser 17 Faktoren und beinhaltet eine *erfüllte* Liebe,

- Liebe mit ihren 17 Bausteinen meint keine idealistische und vollkommene Liebe, die ist uns Menschen seit dem Sündenfall unmöglich,
- Liebe ist kein Stoff, den wir im Blut haben und der ein harmonisches Zusammenleben garantiert,
- Liebe kommt aus dem Gleichgewicht und gerät ins Wanken, wenn das Zusammenspiel der 17 Ausdrucksformen gestört ist.

Selbstverständlich verändern sich im Laufe des Lebens die verschiedenen Faktoren und Kennzeichen der Liebe. In allen Lebensphasen erfahren verschiedene Liebesaspekte eine unterschiedliche Bewertung:
Je jünger die Paare, desto mehr wird sie die Verliebtheit beherrschen,
je jünger die Paare, desto mehr wird sie die Sexualität beanspruchen.
Je älter die Paare, desto mehr werden gegenseitiges Vertrauen und gegenseitige Rücksichtnahme gefordert, desto mehr werden Fürsorge, Einfühlungsvermögen und Ernstnehmen von Einschränkungen die Liebe bestimmen.

Die Bedürfnisse verschieben sich,
die Erwartungen verändern sich,
die Wünsche verlagern sich.

Welche Ausdrucksformen bestimmen in erster Linie Ihre Liebe?
Welche Ausdrucksformen kommen zu kurz?
Welche Ausdrucksformen wollen Sie pflegen, korrigieren oder verändern?

Für wen ist das Buch geschrieben?
Für Menschen, die nach der Verliebtheitsphase erkennen, dass viele Fragen offen bleiben;
für Menschen, die in ihrer Partnerschaft Defizite im Zusammenleben wahrnehmen;
für Menschen, die in der Midlife-Crisis ihre Liebe in Frage stellen;
für Menschen, die in frühen und späten Ehejahren an Enttäuschungen leiden;
für Seelsorger und Berater, die sich mit Ehe- und Partnerschaftsproblemen beschäftigen.

Für Betroffene lohnt es sich, zu zweit jeweils ein Kapitel gründlich zu lesen und sich darüber auszutauschen.

AUSDRUCKSFORM NR. 1

Der Lebensstil bestimmt die Art der Liebe

Einführung

Jeder Mensch ist eine einmalige Persönlichkeit und hat einen einmaligen Lebensstil, der auch die einmalige Liebe dieses Menschen charakterisiert. Der Lebensstil beinhaltet alle Einstellungs-, Denk- und Verhaltensmuster und alle Überzeugungen dieses Menschen. Dieser Lebensstil prägt auch die Liebe.

Wenn wir die Liebe als Ganzes verstehen wollen, hilft uns der Begriff des Lebensstils weiter.

- Er beinhaltet das einmalige Bewegungsgesetz dieses Mannes oder dieser Frau,
- er kennzeichnet das persönliche Denkschema,
- er kennzeichnet die charakteristische Haltung zum Leben,
- er kennzeichnet die persönliche Note, wie dieser Mensch Schwierigkeiten bewältigt,
- er zeigt, wie dieser Mensch zupackt, etwas wagt, resigniert, flieht oder angreift, wie er aus Erfahrungen Kapital schlägt,
- er zeigt, welche Meinung er über sich selbst, über andere, über Gott, über das Leben und nicht zuletzt über die Liebe hat,

- er zeigt, welche Meinung er über Frauen, über Männer, über Sexualität, über Unter- und Überordnung und über die Liebe hat.

Wie entsteht Lebensstil?

Etwa bis zum Alter von fünf bis acht Jahren hat sich das charakteristische Denk- und Reaktionsschema gebildet. Eltern, Geschwister, Großeltern und andere Erzieher geben dem Kind die Gelegenheit zu einer Vielzahl von Erfahrungen, die es auf seine Weise deutet. Nicht die objektiven Ereignisse sind entscheidend, sondern

- wie das Kind sie *verarbeitet,*
- wie das Kind sie *deutet,*
- wie das Kind sie *versteht,*
- wie das Kind sie *wahrnimmt,*
- wie das Kind darauf häufig *reagiert.*

Das Kind zieht Schlüsse und betrachtet die Welt und Menschen aus einer bestimmten Warte. Der kleine Mensch gewinnt Überzeugungen, die irrig und falsch sein können, die aber sein Leben und seine Liebe bestimmen. Selbstverständlich kann sich dieser Lebensstil im Laufe des Lebens verändern. Damit wird der Lebensstil zum Zentrum der Persönlichkeit. Er umfasst fünf Aspekte, die jeweils der Liebe einen bestimmten Stempel aufdrücken:

1. Wie sehe ich mich selbst?
Wie schätze ich mich ein?
Wir stark, hilflos oder wehrlos fühle ich mich?
Wie mutig oder angepasst bin ich?

Wie liebenswert oder nicht liebenswert bin ich?
Wie beeinflusst meine Selbsteinschätzung meine Liebe?

2. Wie sehe ich die Anderen? Wie sehen die Anderen mich?
Suche ich den starken Mann oder die starke Frau?
Suche ich einen Partner, der mich verwöhnt?
Suche ich Anerkennung und will im Mittelpunkt stehen?
Suche ich den Schwachen, um Stärke zu demonstrieren?

3. Wie fühle ich mich in der Welt?
Fühle ich mich in der Welt *wohl?*
Fühle ich mich in der Welt *geborgen,* gehalten und getragen?
Fühle ich mich in der Welt *bedroht* und angegriffen?
Fühle ich *Misstrauen* im Zusammenleben mit anderen?

4. Welche Ziele verfolge ich?
Bin ich ein *Nehmer,* der vom Partner Opfer verlangt?
Bin ich ein F*orderer,* der andere in Dienst stellt?
Bin ich ein *Antreiber,* der zu Ehrgeiz und Aktivität anstachelt?
Bin ich ein *Strahletyp,* der geliebt werden muss?
Bin ich der *Mensch,* der nicht nein sagen kann, der dem Partner alle Wünsche erfüllt, um nicht abgewiesen zu werden?

5. Mit welchen Mitteln und Verhaltensmustern verfolge ich meine Ziele?
Welche *Strategien* verfolge ich, um mich in der Liebe zu behaupten?
Welche *Verhaltensmuster* setze ich ein, um meine Ziele zu erreichen?

Welche *Methoden* stehen mir zur Verfügung, um meine Wünsche durchzusetzen?
Welche *Selbstbehauptungsstrategien* habe ich gefunden, um *meine Art der Liebe* in die Tat umzusetzen?

Die fünf Aspekte des Lebensstils kennzeichnen in jedem Fall *meine Liebe.*
Es sind Überzeugungen mit allen Vor- und Nachteilen.
Es sind Lebenseinstellungen, die die Liebe fördern oder einschränken.

Charakteristische Leitmelodien der Liebe

Mit einem *Satz* werden vielfach charakteristische Leitmelodien umschrieben.
Sind Leitmelodien Ihrer Liebe darunter?
Meine Art zu lieben besteht darin,

- dass ich ungern Fehler mache,
- dass ich gern die Königin bin und mir die Männer zu Füßen liegen,
- dass ich gern untertreibe und als Veilchen im Verborgenen blühe,
- dass ich gern der oder die Erste bin, der oder die Unvergleichliche,
- dass ich gern die Kontrolle ausübe,
- dass ich gern intellektuell der oder die Überlegene bin,
- dass ich gern moralisch überlegen bin,
- dass der Andere meine Wünsche erraten soll,
- dass der Andere für mich die Verantwortung trägt,
- dass ich diene bis zur Aufopferung und auf Enttäuschung liebesunfähig reagiere,

- dass sich ein Anderer um mich kümmert,
- dass der Andere mich mitreißt und mich mitzieht,
- dass der Andere für mich entscheidet und Probleme löst usw.

Das ist ein kleiner Strauß von Lebensstilaspekten, die unsere Liebe kennzeichnen.

AUSDRUCKSFORM NR. 2

Liebe ist Erotik

Einführung

Erotik ist im weitesten Sinne die mehr seelische Liebe von Mann und Frau, die seelische Ausdrucksform der Sexualität. Sexualität heißt Geschlechtlichkeit und meint den ganzen Menschen in seinem Frausein und Mannsein. Sie beinhaltet mehr als Geschlechtsverkehr von Frau und Mann.

Liebe ist Erotik. Für Liebe gibt es in der deutschen Sprache nur ein Wort. In der griechischen und lateinischen Sprache wird Liebe mit vier Begriffen charakterisiert. Einer dieser Begriffe und ein wesentlicher Aspekt der Liebe ist die Erotik.

Sie bezeichnet die seelische Liebe der Geschlechtlichkeit. So, wie man an jeder menschlichen Person

- eine seelische,
- eine geistige und
- eine leibliche Dimension

unterscheidet, so kann man auch in der Liebe den Eros, den Sexus und die Agape unterteilen. Während der Sexus die körperliche Beziehung der Liebe verdeutlicht, geht der Eros auf die Seele des Partners ein.

Der Eros-Begriff im Griechischen beinhaltet auch die leidenschaftliche Hingabe:

- die Hingabe an den Beruf,
- die Hingabe an eine Aufgabe,

- die Hingabe an eine Passion,
- die Hingabe an eine Sache.

Ich liebe dich, weil du so bist

Der Schweizer Theologe Emil Brunner hat einmal sehr treffend die erotische Liebe charakterisiert. Er schrieb: „Wie die Formel für den Eros lautet: Ich liebe dich, weil du so bist – und wir können hinzufügen, solange du so bist –, so lautet die Formel für die Liebe (Agape-Liebe, Anm. R. R.): Ich liebe dich, weil du da bist. Und in diesen zwei kleinen Wörtlein so und da liegt der ganze Gegensatz zwischen der Welt des griechisch-modernen Denkens und des Neuen Testamentes. In ihm liegt der größte Gegensatz, den es innerhalb der menschlichen Existenz überhaupt geben kann: der zwischen einer gottgebundenen und gottlosen Existenz."

Erotik liebt also das So-Sein,
Erotik liebt diese langen, blonden oder schwarzen Haare,
Erotik liebt diesen so geformten Busen,
Erotik liebt die so gestalteten langen oder schlanken Beine,
Erotik liebt diese tiefe oder ruhig klingende Stimme, diesen Charme oder jenen speziellen Humor.

Erotik bei Frauen und Männern

Die Autoren Felicitas A. Lehnert und Dr. A. Lehnert formulieren es in ihrem Buch so: „Für Frauen ist Erotik alles, was in der *Beziehung* stattfindet. Für Männer ist Erotik alles, was im *Bett* stattfindet (...). Sie (die Frauen) tun fast alles, um Liebe zu erlangen. Sie investieren *Erotik,* um *Beziehung* zu erhalten. Frauen, die sich geliebt fühlen, brauchen Sex nicht so häufig (was nicht heißt, dass zurückhaltende Ehefrauen mehr geliebt würden.) (...) Für ihn hat direkte Erotik Priorität, für sie gibt es ein weites Feld indirekter Erotik. Ihn erregt, wenn sie sich vor ihm auszieht, sie erregt, wenn er mal etwas von sich aus mit den Kindern unternimmt. Er begehrt ihren Körper, sie begehrt seine Seele. Er will Sex, sie will ihn. Er fragt: Wie hast du´s gern? Sie fragt: Was denkst du?" [2]

Diese Unterschiede begegnen mir immer wieder in Beratung und Seelsorge.
Diese Unterschiede prägen die Liebe der Geschlechter.

Liebeskunst oder der erotische Ingenieur

Unter Eros verstehen wir auch das Fluidum der Sympathie, der Zuneigung und der Zärtlichkeit, das Mann und Frau sich gegenseitig spenden. Der Eros bringt den seelischen Reichtum in die Partnerbeziehung. Er erzeugt ein wohltuend erwärmendes Klima, auf das besonders die Frau angewiesen ist und in dem sie sich geborgen fühlen und entfalten kann.

Erotik ist eine Kunst, und Kunst hat etwas mit Können zu tun.

Erotische Kunst muss ich erlernen wie das ABC. Sie verlangt Einfühlung, Anstrengung und Fantasie. Sie fällt mir nicht in den Schoß. Täglich muss ich an ihr arbeiten.

Erotik muss in der Tat geweckt, gepflegt und kultiviert werden. Der Mann, der seine Frau bewundert, ihre Kochkünste rühmt und ihr Äußeres wohltuend zur Schau trägt, liebt erotisch. Zärtlichkeiten sind ein viel wirksameres Schönheitsmittel als alle Cremes, Gesichtswasser und kosmetische Behandlungen zusammengenommen. Das Streicheln, der Kuss und der verliebte Blick sollten keineswegs nur den Anfang eines Geschlechtsaktes bedeuten.

Eros ist ausgesprochen menschlich. Das Tier hat keinen Eros. Es ist programmiert und wird von Instinkten und Auslösereizen gesteuert. Es kann keine erotische Liebeskunst erwerben und individuell ausgestalten, es folgt seiner „Natur".

Der Mensch kann seine erotische Liebe gestalten, und er kann sie vervollkommnen, wenn er will. Darum ist Erotik in erster Linie Kultur und nicht Natur.

Weil der Eros abhandengekommen ist, gibt es vielfach den werbenden und zärtlichen Mann nicht mehr. An seine Stelle ist der erotische Ingenieur getreten. Techniken und sexuelle Raffinessen spuken in seinem Kopf herum. Er stürzt auf sein Ziel los und überspringt alle Schranken. Ihm geht es oft in erster Linie um den sexuellen Akt und nicht um die persönliche Begegnung. Ihm geht es nicht um den Partner, sondern um die Lust.

Diese Tragik spiegelt sich in vielen Eheberatungsgesprächen wider. Vielfach wird der Mann von der Frau als „zärtlich abgestumpft, „lieblos", „stummer Fisch" und als „zu direkt“ charakterisiert. Es ist so, wie viele Fachleute immer wieder bestätigen: Die Frau liebt erotischer als der Mann, die Frau braucht lebensnotwendig die erotische Beziehung. Der Mann verwechselt leider Sexualität mit Erotik.

Die Sexualität, die körperliche Anziehung, gehört eindeutig und notwendig zur vollen Liebesentfaltung dazu. Aber sie ist ein Element und beansprucht nicht zwei Drittel aller Ausdrucksformen der Liebe, die in diesem Buch zur Sprache kommen. Das muss der Mann von heute lernen, wie er es vermutlich immer hat lernen müssen: Eros ist keine Zeitvergeudung und kein überflüssiges romantisches Gehabe. Wo der Eros fehlt, wird die Liebe versachlicht. Die Gefühle füreinander kühlen ab. Die Partnerbeziehungen werden nüchtern und büßen ihre Geltung ein.

Der Eros ist eine Macht, der die sexuellen Beziehungen vergeistigt und damit eine dauerhafte persönliche Begegnung schafft. Darum schreibt der Psychologe Peter Lauster: „Ohne sie lassen sich keine Sexualprobleme lösen. Nur die Liebe schafft die Voraussetzung dafür, dass die Sexualität an Schönheit, Klarheit und seelischer Freude gewinnt. Sexualität ohne Liebe ist schal und leer, sie macht eher melancholisch und depressiv oder dynamisch und aktiv. Wenn die Aussage lautet: ‚Lebensprobleme gelöst – alle Probleme gelöst‘, könnte ich diesem Satz schon eher zustimmen.“ [3]

Viele Männer und junge Männer denken genau umgekehrt. Sie glauben fest daran, und sie erzählen es ernst und überzeugt am Stammtisch weiter: „Stimmt die Sexualität, lösen sich alle anderen Probleme in der Partnerschaft von selbst.“ Übersehen wird, dass der Eros einen wichtigen Wegbereiter für die körperliche Hingabe bedeutet. Vor allem für die Frau.

Mein Mann ist plump und direkt

Die Frau ist 26 Jahre alt, drei Jahre erst verheiratet und sehr verbittert. Sie hat sich die Ehe anders vorgestellt. Vielleicht zu romantisch, das ist möglich. Als sie auf sexuelle Beziehungen zu sprechen kommt, wird sie laut und aggressiv. Ihre Augen funkeln. Sie richtet gespannt ihren Oberkörper auf.

„Mein Mann liebt meinen Körper heiß und innig, stimmt. Als Partner bin ich ihm gleichgültig. Einige Male in der Woche überfällt er mich ohne Vorankündigung. Zärtlichkeit ist für ihn ein Fremdwort. Er redet nicht, er handelt. Wenn er so plötzlich kommt, erstarre ich. Er ist einfach zu plump und zu direkt."

Ich: „Wenn Sie an die letzten Jahre zurückdenken, können Sie mir eine Szene schildern, wo das sexuelle Zusammensein schön und beglückend für Sie war?"

Sie (nach einer Pause): „Das ist vielleicht ein Jahr her. Ich hatte es schrecklich eilig und kam mit der Arbeit nicht zurecht. Alles wuchs mir über den Kopf. Und ich bat ihn, mir zu helfen. Wahrscheinlich hatte er seine Geberlaune. Stundenlang hat er mir geholfen. Er hat die Treppen gewischt und in der Küche mit mir den Aufwasch erledigt. Er war himmlisch. Ich war richtiggehend glücklich. Als wir abends ins Bett gingen, war es schön für mich, alles klappte wunderbar."

In der Tat,
Erotik ist Liebeskunst, nicht Bettkunst.
Erotik ist Aufmerksamkeit und aktive Teilnahme am täglichen Geschehen.
Erotik sieht die Bedürfnisse des anderen und stellt sich auf ihn ein. Darum ist sie ein wichtiges Element im Gesamtkomplex der Liebe.

Das Vorspiel und die Erotik

In unserer Kultur und in unserem Sprachgebiet hat sich ein merkwürdiger Begriff durchgesetzt, der vor allem von Männern benutzt wird: *das Vorspiel.*
Er kann nur von Männern geprägt worden sein. Frauen kämen gar nicht auf die Idee, von einem *Vorspiel* zu reden. Für eine Frau ist alles Liebe,

- das Gespräch,
- das Sich-in den-Arm-Nehmen,
- Schmusen,
- Streicheln der Hände,
- sich anschauen und glücklich sein,
- zusammen lachen und zusammen schäkern,
- auch das körperliche, sexuelle Zusammenspiel.

Für den Mann drängt alles auf das „Eigentliche“, auf die sexuelle Erfüllung, auf den Orgasmus. Darum redet er vom Vorspiel. Das hört sich an wie eine Vorspeise, das Hauptgericht kommt später.
Das Vorspiel nimmt man in Kauf,
das Vorspiel ist die Pflichtübung gegenüber der Frau,
das Vorspiel ist die Rücksichtnahme auf den Partner.

Er geht zu Tisch und fragt nach einer Hauptspeise. Wenn ein Mann fragt: „Was gibt es heute zu essen?", dann meint er den Hauptgang. Das Drum und Dran sind Nebensachen. Sosehr auch Männer visuelle Typen sind, viele Männer haben den „Tunnelblick". Sie sehen das Eigentliche, die Frau sieht das Ganze.

Die Frau geht zum Essen. Das ganze Essen ist für sie ein Genuss. Sie will alles genießen,

- den schön gedeckten Tisch,
- die Kerzen in der Mitte,
- die Blumen in der Vase,
- ruhige und spannungsfreie Gespräche.

Für die Frau gehört alles zusammen. Sie genießt mit Augen, Ohren und mit allen Sinnen. Die Frau liebt ganzheitlich, mit Leib, Seele und Geist.
Für sie ist Erfüllung mehr als ein Orgasmus,
für sie ist Erfüllung mehr als eine Triebabfuhr,
für sie ist Erfüllung mehr als die Befriedigung des „Eigentlichen",
für sie ist das Vorspiel schon der Saum des Paradieses,
für sie ist das Vorspiel im besten Sinne Erotik.

Eine kluge Frau packte ihrem Gatten folgende Sätze mit ins Butterbrot:
„Lieber Schatz! Du wünschst Dir am Abend eine leidenschaftliche Frau wie Pamela Anderson in Hochform. Die erotischen Treppenstufen dahin sind ganz einfach: Du deckst den Tisch, bringst anschließend die Küche nach dem Abwasch auf Vordermann, bringst unsere drei Kinder um 20.00 Uhr ins Bett. Ich bügele noch fünf Hem-

den, und Du darfst mir unter der Dusche den Schweiß vom Körper waschen, wenn Du Lust verspürst."

Wie nannte die Frau das? „Erotische Treppenstufen".
In der Tat:
Den Tisch decken – das ist *Erotik,*
die Küche auf Vordermann bringen – das ist *Erotik,*
drei Kinder ins Bett bringen – das ist *Erotik.*
Nichts stimuliert eine Frau mehr als solche erotischen Handreichungen.

Und der Paartherapeut Professor Dr. Gottman bestätigt das, wenn er schreibt:
„Frauen empfinden die Bereitwilligkeit eines Mannes, Hausarbeit zu leisten, als extrem erotisch. Wenn der Mann seinen Teil leistet, um den Haushalt am Laufen zu halten, berichten sowohl er als auch seine Frau, dass ihr Sex viel befriedigender sei als in den Ehen, wo die Frau meint, dass ihr Mann sich vor der Hausarbeit drückt." [4]

Zusammenfassung

- Erotik beinhaltet Komplimente,
- Erotik beinhaltet schöpferische Phantasie,
- Erotik bedeutet Aufmerksamkeit,
- Erotik bedeutet, beim Abwasch helfen und Ascheimer vor die Tür stellen,
- Erotik bedeutet ein waches Auge für die Wünsche des anderen,
- Erotik bedeutet, ein Auge zu haben für das schicke Kleid der Frau und für die neue Frisur,

- Erotik bedeutet Liebkosungen, die Freude machen und nicht die eigene Begierde stillen wollen,
- Erotik bedeutet Vergeistigung der sexuellen Beziehung,
- Erotik bedeutet, dem Partner Freude zu bereiten und die Zeit gemeinsam sinnvoll zu gestalten,
- Erotik bedeutet Werbung.

AUSDRUCKSFORM NR. 3

Liebe ist Chemie

Einführung

Liebe basiert auch auf chemischen Prozessen. Die Sexualhormone schaffen die körperlichen Voraussetzungen für das, was wir „Sexualität" nennen. Alle emotionalen Prozesse schlagen sich in chemischen Prozessen nieder. Frauen und Männer unterscheiden sich in ihrer spezifischen Hormonzusammensetzung. Daher spiegeln sie auch unterschiedliche Ausdrucksformen der Liebe wider. Das ist nicht mein Fachgebiet, darum zitiere ich im Folgenden Autoren, die diese Ausdrucksform konkret beschreiben.

Verschiedene Liebestypen

Die amerikanische Anthropologin Helen Fischer beschreibt vier Liebestypen, die verschiedene biologische und chemische Botenstoffzusammensetzungen aufweisen. Denn das Temperament eines Menschen wird von bestimmten Hormonen bestimmt. Helen Fischer antwortet auf Fragen von „Psychologie heute":
„Wir kennen nur sechs Botenstoffe, die für die Persönlichkeit relevant sind: Dopamin und das verwandte Noradrenalin, Serotonin, Testosteron sowie Östrogen und Oxytocin, die in Synthese und Wirkung eng verbunden

sind. Jeder Mensch wird von allen sechs Botenstoffen beeinflusst, aber in unterschiedlichem Ausmaß." [5]

Liebestyp Nr. 1: Der Entdecker
Helen Fischer macht deutlich, dass Liebestyp Nr. 1 der Entdecker ist.
Der Botenstoff Dopamin herrscht vor. Der Entdecker ist kein Routinetyp.
Er liebt die Abwechslung,
er liebt das Risiko,
er liebt aufregende Erfahrungen,
er ist anpassungsfähig und optimistisch,
er ist spontan und sehr neugierig.

Liebestyp Nr. 2: Der Gründer
Der Botenstoff Serotonin herrscht vor.
Er liebt die Bodenständigkeit,
er liebt Ordnung und Tradition,
er liebt die Loyalität,
er macht vor allem Handeln gründlich einen Plan,
er liebt die Zuverlässigkeit,
er liebt das Detail und ist eher ein Perfektionist.

Liebestyp Nr. 3: Der Wegbereiter
Bei ihm herrscht das Hormon Testosteron vor. Testosteron kommt nicht nur bei Männern vor. Auch Frauen können stärker beeinflusst sein.
Er liebt das Analytische,
er liebt das Direkte und Bestimmende,
er liebt es, komplexe Dinge zu entschlüsseln,
er liebt Entscheidungen und ist ein kühler Denker,
er liebt die Unabhängigkeit,

er liebt intensive Diskussionen,
er liebt logisches Denken.

Liebestyp Nr. 4: Der Diplomat
Hier herrschen die Botenstoffe Testosteron und Östrogen vor.
Sie lieben das vernetzte Denken,
sie lieben die großen Zusammenhänge,
sie lieben Fantasie und Intuition,
sie ändern leicht ihre Meinung,
sie lieben die Harmonie und den Konsens,
sie beschäftigen sich gern mit ihrem Innenleben,
sie sind stärker die Gefühls- und Empfindungstypen.

Wer wissen will, zu welchem Typ er mehr gehört, kann bei den vier Liebestypen anstreichen, was ihn am stärksten kennzeichnet.

Hormone

Unter dieser Überschrift beschreibt der Philosoph Richard David Precht in seinem Bestseller „Liebe“, wie Hormone maßgeblich die Liebe prägen.
„Von allen chemischen Stoffen ist es das Testosteron, das den größten Unterschied macht zwischen Mann und Frau. (...) An der Tatsache, dass es wichtige hormonelle Unterschiede zwischen Mann und Frau gibt, ist nicht zu zweifeln.
(...) Die Tatsache, dass die unterschiedlichen Hormonkonzentrationen samt ihren Rezeptoren im Hypothalamus der einzig wirklich verbindliche Unterschied zwi-

schen den Geschlechtern ist, sollte uns zudem nicht dazu verführen, voreilige Schlüsse zu ziehen.“ [6]

Sozialisation, Umwelt und Mitwelt beeinflussen erheblich die Anlagen und die Hormonkonstellationen in unserem Körper. Wer beeinflusst also wen in erster Linie? Noch einmal Richard David Precht:
„Hormone dagegen sind die Erfüllungsgehilfen, die unseren Körper in die dazu passende – und manchmal auch unpassende – Erregung versetzen.“ [7]

Positive und negative Gefühle

Der Neurobiologe Gerhard Roth bringt für Gefühle die Hormone ins Spiel und formuliert:
„Wir stellen nämlich (...) fest, dass positive und negative Gefühle gesetzmäßig mit der Ausschüttung bestimmter Substanzen im Gehirn verbunden sind. Bei Gefühlen der Zufriedenheit, des Glücks, der Freude bis hin zu Euphorie und Ekstase geht es um die Ausschüttung ganz unterschiedlicher Substanzen, zu denen der Neuromodulator Serotonin und Neuropeptide wie Endorphine, Enkephaline und Endocannabinoide, Neuropeptid Y, Vasoaktives Intestinales Peptid, Prolactin und Oxytocin gehören. (...) Besonders vielseitig wirkt das im Hypothalamus gebildete Oxytocin. Neuere Untersuchungen haben festgestellt, dass es die Rolle eines Bindungshormons auch in der Beziehung zweier Erwachsener spielt und beim Geschlechtsverkehr bzw. beim Orgasmus ausgeschüttet wird.“ [8]

Die Neurologen sprechen vom Bindungsverhalten des Menschen. Und diese Bindung wird durch die Botenstoffe Oxytocin und Vasopressin hervorgerufen. Diese Botenstoffe erzeugen ein Gefühl von Nähe und Vertrautheit.

Es ist interessant, dass Neurologen beim Mann vom „Homo testosteroniensis“ und bei der Frau vom „ Homo östrogeniensis“ sprechen. Die beiden Hormone Testosteron und Östrogen kennzeichnen überdeutlich männliches und weibliches Verhalten.

Das Zauberwort heißt Oxytocin

Der Philosoph Richard David Precht lässt noch einmal die Hirnforscher sprechen:

„Kann man die Liebe hormonell erklären wie die Lust und die Verliebtheit?

Und die Erklärung ist überraschend einfach. Ihr Zauberwort heißt Oxytocin.

(...) Dass Oxytocin-Rezeptoren einen wichtigen Einfluss auf die Bindungslust und Bindungsfähigkeit von Menschen haben, gilt heute als wahrscheinlich.

Vielen Untersuchungen zufolge stößt unser Körper bereits dann Oxytocin aus, wenn jemand anders uns umarmt, streichelt oder massiert. Das Hormon erzeugt eben nicht nur Erregung, sondern auch Zufriedenheit und Geborgenheit.“ [9]

Zusammenfassung

Hormone sind Botenstoffe, die von den Drüsen direkt mit dem Blutstrom an die Stelle des Einwirkens transportiert werden. Sie steuern die Funktion der Körperorgane. Der gesamte Organismus wird auf diese Weise von den Hormonen dirigiert und koordiniert. Die Drüsen innerer Sekretion bestimmen aber nicht nur die körperlichen Funktionen, sondern sind auch ausschlaggebend für das Seelenleben. Es kann von den Hormonen abhängen,

- *ob einer temperamentvoll oder temperamentlos,*
- *ob einer energisch oder gleichgültig,*
- *ob einer jähzornig oder phlegmatisch ist.*

So sind die Hormone ein Rädchen im Uhrwerk der Lebensvorgänge und schaffen die chemischen und biologischen Voraussetzungen
für unser Temperament,
für unsere Verhaltenseigenarten,
für Nähe und Distanz,
für Geborgenheit und Ängstlichkeit,
für Bindungslust und Bindungsfähigkeit,
für positive und negative Gefühle,
das heißt:
Liebe ist auch Chemie.

AUSDRUCKSFORM NR. 4

Liebe heißt Selbstannahme und Annahme des Anderen

Einführung

Eine gesunde Selbstannahme, ein starker Selbstwert und ein gutes Selbstvertrauen sind die Basis für ein vertrauensvolles Zusammenleben zweier Menschen, die sich lieben. Starke Minderwertigkeitsgefühle und Selbstwertstörungen untergraben die Liebe.

Wenn wir uns nicht selbst akzeptieren können

Ich kann den Anderen nur lieben, wenn ich mich selbst liebe.
Ich kann zum Anderen nur voll Ja sagen, wenn ich zu mir selbst voll ja sage.
Ich habe die Erfahrung gemacht, dass Probleme in der Liebesbeziehung – bis hin zur Frigidität (Geschlechtskälte) und Impotenz (Ohnmacht, den Geschlechtsverkehr auszuüben) – mit starken Selbstwertstörungen einhergehen. Ein Partner glaubt,

- nicht attraktiv genug zu sein,
- nicht den Idealvorstellungen des Anderen zu entsprechen,
- nicht den Wunschbusen zu haben, den sich der Partner vorstellt,

- nicht intelligent genug zu sein,
- nicht den Wünschen und Begierden des liebsten Menschen gewachsen zu sein,
- nicht standesgemäß zu sein.

Der Geliebte kann dem Partner, der die Selbstwertstörungen vorbringt, immer wieder beteuern, dass es sich um Einbildungen, um unsinnige Selbsteinreden, handelt. Der Andere lässt sich nur schwer überzeugen, er sieht seinen Selbstwert im Staub liegen. Wer sich nicht selbst akzeptieren kann, nörgelt an sich herum und führt einen Bürgerkrieg mit sich selbst. Er ist unzufrieden und versucht einen Überausgleich.
Ständig treibt er sich selbst an,

- er muss mehr für den Anderen tun, um ihn nicht zu verlieren,
- er muss ihn mehr kontrollieren und eifersüchtig überwachen, denn er könnte
- einer Hübschen oder sie einem Begehrenswerteren in die Finger fallen,
- er muss hilfsbereiter, moralischer, ausdauernder, mutiger und selbstbewusster sein, um der gewaltigen Konkurrenz gewachsen zu sein.

Wer sich nicht akzeptiert, fühlt sich ungleichwertig und unterlegen, produziert Spannung in sich und überträgt sie auf den Anderen. Er macht sich klein, unattraktiv, unleidlich, stellt alle seine Gaben und Begabungen unter den Scheffel und wirkt weniger anziehend. Wer sich nicht bejaht, untergräbt alle Möglichkeiten, sich liebenswert darzustellen.

- Er *glaubt* nicht an sich und verhält sich entsprechend,
- er *denkt* klein von sich und gibt sich verkrampft und gehemmt,
- er *weiß* natürlich, dass er mit seinen Minderwertigkeitsgefühlen recht hat, und steht einer positiven Ausstrahlung im Weg,
- er *redet* sich ein, dass der Partner alles andere als begeistert von ihm sein muss, und stellt sich so dar, dass der geliebte Mensch schon eine Portion Mitleid praktizieren muss, um bei ihm zu bleiben.

Solche Selbstwertstörungen sind Gift für die Liebe. Sie zerstören das Vertrauensverhältnis, denn Vertrauen können nur gleichwertige Partner haben, die sich trauen, die sich ausliefern und keine Komplexe bekommen wegen ihrer Schwächen und Unvollkommenheiten. Reife Liebe liebt den anderen – wie er ist, und nicht, wie er sein sollte.

Reife Liebe bejaht sich mit allen Mängeln und allen Eigenarten, sie fühlt sich wertgeachtet und kann darum den Partner schätzen und achten.
Wer sich nicht akzeptiert, kann auch das Gegenteil tun,

- er *übertreibt* in Kleidung, Make-up,
- er *gibt an,* weil er glaubt, es nötig zu haben,
- er *dreht auf,* um die Aufmerksamkeit auf sich zu ziehen,
- er *steigert* seine Leistung und seine Karriere,
- er *beweist* sich selbst, seiner Partnerin und allen Menschen, dass mehr in ihm steckt, als sie vermuten.

Diese *Selbstüberforderung* ist nur das Gegenstück der Selbstabwertung. Beide Extreme erschweren die Liebe. Beide Verhaltensmuster machen unzufrieden und kosten viel unnötige Arbeit. Stress, Unter-Druck-Stehen und Hektik sind die unangenehmen Begleitphänomene, die solche Menschen zur Schau tragen. Sie können nicht ausgeglichen sein, weil ihr Selbstwertgefühl nicht ausgeglichen ist.

So, wie ich bin, bin ich gut genug

Ich werde nicht müde, diesen therapeutischen Kernsatz zu vermitteln. Er stammt von dem Adler-Schüler Rudolf Dreikurs und ist der Schlüssel zur Lösung vieler Liebesprobleme. Ein Gedanke, der viele psychosomatischen Störungen, Konflikte und Leiden verhindern kann, wenn wir ihn in unserem Leben realisieren können. Er ist der Stabilisator wahrer und reifer Liebe.

Die Grundannahme lautet: So, wie ich bin, bin ich gut genug. Ein Missverständnis, besonders für Christen, sollte herausgestellt werden: Der Mensch ist nicht gut, sondern *gut genug*. Gott allein ist gut. Wir reichen aus, wir sind in der Liebe, in der Partnerschaft und in der Ehe zufriedenstellend. Traumnoten sind immer verdächtig. Die Superfrau und der Supermann, für die keine Zählskala ausreicht, sind Phantasieprodukte. Die Alltagswirklichkeit reißt ihnen den Schleier vom Gesicht, und sie fallen tiefer, als ihnen lieb ist. Wer sich akzeptiert, wie er ist, ist mit sich *zufrieden,* innerlich und äußerlich.

Er

- hat es nicht nötig, Zufriedenheit zu demonstrieren, er hat sie und lebt sie;
- *weiß,* dass er geliebt wird. Grübelt nicht, ob die Liebe noch stimmt. Er zweifelt nicht, ob die Beziehung noch intakt ist;
- muss nicht ständig *Anerkennung* bekommen. Er fühlt sich in der Liebe bestätigt und spiegelt im Alltag diese Anerkennung wider;
- kann sich dem Partner *anvertrauen,* weil keine Angst vor Entblößung sein Selbstwertgefühl lähmt;
- kann geben, weil er davon überzeugt ist, genügend Wohlwollen und Anerkennung bekommen zu haben,
- kann sich *freuen,* weil er sich bejaht und sich bejaht weiß. Er hat Augen für das Schöne, Ohren für das Beglückende und ein Herz, das frei ist von unnötigen Sorgen und damit frei für gemeinsame Ziele und Bedürfnisse;
- kann sich *hingeben* und auch in der sexuellen Liebe Erfüllung finden, weil er eine zufriedenstellende Meinung von sich selbst hat und weiß, dass er für den geliebten Menschen gut genug ist.

Wer sich bejaht und zu sich sagen kann: So, wie ich bin, bin ich gut genug, legt nicht seine Hände in den Schoß und lebt passiv und gleichgültig. Aber der tut es, der an sich verzweifelt, der sich nicht ausstehen kann. So ein Mensch hat den Glauben an sich selbst verloren, fühlt sich verraten und im Stich gelassen. Er gibt auf. Niemals gibt der zufriedene Mensch auf.

Auf einem Seminar in Rotenburg sagte eine junge Teilnehmerin das bedenkenswerte Wort: „Hinfallen ist menschlich, liegen bleiben ist teuflisch, immer wieder aufstehen ist göttlich."
Der Zufriedene strebt ruhig und gelassen seine Ziele an, er muss sich nicht abhetzen und seinen Wert unter Beweis stellen.

Wer sich bejaht, bejaht auch den anderen

Wer sich verneint, kritisiert den Partner. Unzufriedenheit mit sich selbst ist der Nährboden für eine konfliktreiche Beziehung. Mangelnde Selbstannahme macht unzufrieden, unglücklich, depressiv und aggressiv.

Können Sie sich vorstellen, dass solche Menschen dem Partner mit Wohlwollen begegnen? Ist es überhaupt denkbar, dass der Andere aus vollem Herzen geliebt werden kann?
Wie kann ein Unglücklicher Glück vermitteln?
Wie kann ein Ungeliebter Liebe praktizieren?
Wie kann ein Mensch, der sich nicht leiden kann, von Herzen einen anderen leiden? Es geht nicht, er macht sich und anderen das Leben schwer. Weil er mit sich im Streit lebt, wird er Streit mit den liebsten Menschen heraufbeschwören. Das ist eine bittere Logik. Was können Sie tun?

- *Glauben* Sie dem Partner, wenn er etwas Liebes zu Ihnen sagt;
- *Vertrauen* Sie seinen Worten, wenn er sich um Sie bemüht;

- *Ergreifen* Sie seine Hand, wenn er sie Ihnen versöhnend entgegenstreckt;
- *Hoffen* Sie, dass er es jederzeit gut mit Ihnen meint, und zweifeln Sie nicht an seinen guten Absichten.

Der Paartherapeut und Lehrtherapeut der Transaktionsanalyse, Dr. Hans Jellouschek, formuliert, was die Liebesbeziehung benötigt:

„Hilfreich ist es in jedem Fall, wenn beide am Aufbau eines stabilen eigenen Selbstwertgefühls arbeiten, sodass sie sich nicht durchsetzen ‚müssen' und nicht anpassen ‚müssen'. Es ist also gut, wenn jeder darauf achtet, Dinge zu tun, die sein Selbstwertgefühl stärken. Dazu zählen unter anderem vor allem: eigene Aufgaben haben, die Erfolgserlebnisse mit sich bringen, und eigene Kontakte pflegen, in denen ich meinen Wert immer wieder positiv widergespiegelt erfahre. An der Ich-Stärke und am Selbstwertgefühl muss man als Einzelperson unabhängig vom Partner arbeiten." [10]

Die Arbeit am Selbstwert und an der Ich-Stärke ist – unabhängig vom Partner – wichtig. Das können Sie einüben! Das ist kein Selbstbetrug. Ihre Haltung ermutigt den Partner, seine Liebe deutlich zu äußern. Sie machen ihm Mut, Ihnen offen und herzlich seine Gefühle zu offenbaren.

Zusammenfassung

Es bleibt dabei:

- *Wer sich bejaht, bejaht auch den Anderen;*
- *wer sich schätzt, schätzt auch den Partner;*
- *wer sich leiden kann, kann auch den liebsten Menschen leiden;*
- *wer sich mag, mag auch seinen Weggefährten;*
- *wer zu sich okay sagt, wird ohne Schwierigkeiten okay zum Partner sagen können.*

Eine gelingende Liebe ist auf Selbstannahme, Selbstwertstabilisierung, Ich-Stärke und Annahme des Anderen angewiesen.

AUSDRUCKSFORM NR. 5

Liebe ist Gefühl

Einführung

Zur Liebe gehört Gefühl, das ist eine Tatsache. Aber: Liebe ist nicht in erster Linie ein Gefühl. Gefühle und Emotionen müssen unterschieden werden. Liebe ist Tun, sie beinhaltet eine Aufforderung. „Liebe deinen Nächsten wie dich selbst." Wer sich in erster Linie auf seine Gefühle verlässt, ist verlassen. Trennungen, Scheidungen und Liebesenttäuschungen belegen es.

Die Liebe ist mehr als ein Gefühl

So lautet die Überschrift eines Beitrags von Professor Mees, der als Dozent an der Universität Oldenburg lehrt, den ich hier zitiere:

„Lieben wir wirklich, oder sind wir vielleicht ‚nur' verliebt? Und zur Liebe gehört tatsächlich mehr als ein Gefühl – und auch mehr als nur Gefühle:

Schließlich zeigt sich die Partnerliebe auch in bestimmten typischen Handlungen oder Handlungsbereitschaften wie Zärtlichkeit, sexuellem Begehren, sexueller Treue, Exklusivität der Liebe, Unterstützung und Loyalität sowie Ehrlichkeit und Offenheit. (…) Liebe muss nicht nur erlebt, sondern dem Partner auch glaubhaft vermittelt werden. Auch eventuelle Konflikte müssen gemeinsam gelöst werden. Dazu sind soziale Fertigkeiten erforderlich."

Wir unterstellen, dass Gefühle Zärtlichkeit und sexuelles Begehren hervorrufen, aber

- der *Wille* zur Ehrlichkeit,
- der *Wille* zur Offenheit,
- der *Wille* zur Treue,
- der *Wille* zur Vergebung,
- der *Wille* zur bedingungslosen Unterstützung haben wenig mit Gefühl zu tun.

Noch präziser: Liebe ist eine „soziale Fertigkeit". Und soziale Fertigkeiten müssen eintrainiert, gelernt und eingeübt werden.

Der Unterschied zwischen Gefühlen und Emotionen

Der Philosoph Richard David Precht unterscheidet in seinem Buch „Liebe" zwischen Gefühlen und Emotionen. Wörtlich heißt es bei ihm:

„Seinem lateinischen Ursprung nach kommt ‚Emotion' von *ex motio*. Es bedeutet, dass etwas aus einer Bewegung oder Erregung heraus passiert. Emotionen sind in unserer Entwicklungsgeschichte uralt. Wir teilen sie mit vielen Tieren. Löwen werden müde, Eidechsen ist es kalt, Karpfen haben Hunger, und Kröten gieren nach Sex. All dies sind Erregungen. Ohne Emotionen wären wir orientierungslos. Wir würden erfrieren oder verhungern, wir hätten keine Lebensenergie und keine Interessen. Emotionen sind da, wir können sie nicht kontrollieren, allenfalls vermeiden. (...) Bei der Liebe, so wissen wir, ist das etwas ganz anderes. Und der Grund dafür ist leicht benannt: Liebe ist keine Emotion, sondern etwas viel Komplizierteres: ein Gefühl."

Richard David Precht beruft sich auf den portugiesischen Hirnforscher Antonie Damasio, der in Amerika lebt und Gefühle beschreibt. Precht gibt sie mit seinen Worten wieder:

- Gefühle entstehen, wenn Emotionen Vorstellungen auslösen,
- Emotionen lassen sich mit der Chemie, also mit Hormonen, erklären. Bei Gefühlen ist das nicht ganz so der Fall.
- Eifersucht, Trauer oder Heimweh lassen sich im Kernspintographen nicht sichtbar machen.
- Emotionen verfliegen, Gefühle haben mehr Bodenhaftung.
- Gefühle sind nicht stimmungsabhängig, das unterscheidet sie von Stimmungen.

„Bei der Emotion liegt der Schwerpunkt des Fühlens auf dem Körper (Kälte, Hunger, Müdigkeit, sexuelle Gier usw.). Beim Gefühl geht es in erster Linie um einen geistigen Inhalt. (...) In ihren Emotionen sind sich alle Menschen sehr ähnlich. In den Gefühlen unterscheiden sie sich schon stärker." [13]

Meines Erachtens lassen sich Gefühle und Emotionen nicht so klar trennen.

Denn immer spielt auch die Chemie eine große Rolle. Das beste Beispiel liefern die Depressiven. Ihr Gefühlszustand ist stark von Hormonen abhängig. Über längere Zeiträume sind sie deprimiert, traurig, antriebslos usw. Auch der Neurobiologe Gerhard Roth trennt nicht scharf, das wird im Folgenden deutlich.

„Was sind Gefühle, und wo im Gehirn sitzen sie?"

So formuliert Roth in einem Abschnitt. Wörtlich schreibt er: „Von diesen grundlegenden körperlichen Bedürfnissen und Affekten sind die Emotionen oder Gefühle im engeren Sinne wie Furcht, Angst, Freude, Glück, Verachtung, Ekel, Neugierde, Hoffnung, Enttäuschung, Erwartung, Hochgefühl und Niedergeschlagenheit zu unterscheiden – dies sind nach Aussage von Psychologen unsere Grundgefühle, die sich unterschiedlich mischen können und unsere Gefühlswelt ausmachen." [14]

Alle Gefühle oder Emotionen sind nach Roth *konditioniert.* Und weil das so ist, erleben wir sie positiv oder negativ. Denn im Gehirn werden die unterschiedlichsten Konsequenzen gezogen. Sie sind im sogenannten Erfahrungsgedächtnis gespeichert. Dieser Prozess beginnt schon vor der Geburt und setzt sich das ganze Leben lang fort. Jeden Tag macht der Mensch neue Erfahrungen mit Ereignissen, die er mit bestimmten Gefühlen belegt. Affekte und Gefühle sollen uns zu bestimmten Verhaltensweisen veranlassen.

„Wir sollen von unserem Erfahrungsgedächtnis gezwungen werden, etwas Bestimmtes zu tun oder zu lassen, zu kämpfen oder zu fliehen, Dinge anzupacken oder sie möglichst zu lassen." [15]

Was heißt das?

- Wer schlechte Erfahrungen mit Frauen, mit Männern, mit Sexpraktiken, mit Unzuverlässigkeit, mit Leichtfertigkeit, mit Unehrlichkeit usw. gemacht hat, wird mit konditionierten Gefühlen Konflikte in der Liebe erleben.
- Wer mit Verlustgefühlen und Enttäuschungsgefühlen schlechte Erfahrungen gemacht hat, wird oft viel zu schnell Liebespartnerschaften aufkündigen, weil er sich betrogen oder hintergangen fühlt.
- Weil jeder Mensch etwas anderes unter Liebe versteht und jeder ganz andere Erfahrungen mit diesem komplizierten Begriff gemacht hat, behauptet Roth: „Ein Großteil unserer Kommunikation besteht aus diesem Irrtum. Verstehen ist die Ausnahme, Missverstehen der Normalfall – nur merken wir nichts davon. Eklatant ist dies bei semantisch hochstufigen Wörtern wie ‚Ehre' oder ‚Liebe', die in jedem Gehirn eine etwas andere, manchmal dramatisch andere Bedeutung haben, weil sie in einem anderen Bedeutungskontext stehen." [16]

Gefühle zeigen, wie *wir* denken und welche Erfahrungen wir mit Liebe in den verschiedensten Ausdrucksformen gemacht haben.

Gefühle sind Werkzeuge – auch in der Liebe

Die Individualpsychologie Alfred Adlers geht davon aus, dass Gefühle in uns kein Eigenleben führen. Sie sind darum auch kein Indikator für reife Liebe.

Gefühle sind *Werkzeuge,* die unseren Lebensstil widerspiegeln.

Gefühle sind Werkzeuge, die von unseren Vorstellungen und Gedanken *benutzt* werden.

Gefühle sind Werkzeuge, die die Liebesvorstellungen durchsichtig machen.

Gefühle sind Werkzeuge, also *Mittel* zum Zweck, und unterstützen meine Wünsche und Bedürfnisse in der Liebe. Meine Gedanken verhelfen mir zu den Gefühlen, die ich benötige, um meine Liebesvorstellungen zu realisieren. Meine „private Logik", wie Alfred Adler sie genannt hat, die meine Erfahrungen, Wünsche, Überzeugungen und Vorurteile beinhaltet, erzeugt die entsprechenden Gefühle, um sie in die Tat umzusetzen. Ein gefühlloser Mensch wäre unfähig, Freundschaften zu schließen und menschliche Nähe zu erleben.

Gefühle sind die Kraft unseres Handelns.
Gefühle sind die Energiespritze für unser Verhalten in der Liebe.
Gefühle sind das Rückgrat unserer Liebesvorstellungen und Überzeugungen.
Gefühle sind der Treibstoff unserer Interessen und Wünsche in Sachen Liebe.

Liebe ist die Summe aller göttlichen Forderungen

So formuliert es Ralf Luther in seinem „Neutestamentlichen Wörterbuch".

Andere Formulierungen lauten:

„Weil der Mensch zum Lieben erschaffen ist, kann er

nicht anders als lieben. Durch den Riss, der in sein Wesen gekommen ist, ist er aber der echten, über ihn selbst hinausgehenden Liebe nicht mehr fähig; seine Liebe ist meist eine verirrte, gebundene. Er vergeudet seine edelsten Kräfte an Dinge, die ihrer nicht würdig sind. (…) Ist der Mensch einmal der Gottheit nahe, so ist alles in seinem Leben durch die große Gottesliebe bestimmt und durchleuchtet." [17]

Der Theologe und Eheberater Dr. Lehnert und seine Frau formulieren:

„Das Zauberwort für gelingende Erotik in der Ehe heißt *Agape im Eros*.

Eros ist, kurz gesagt, die begehrliche Liebe, Agape die schenkende Liebe.

So paradox es klingt: Agape heißt, mit dem Ich-bezogenen Eros Du-bezogen umgehen zu lernen. (...) Richtiger müsste man formulieren: Ehe ist ein Vertrag zum gegenseitigen Dienst an Seele, Geist und Leib. ‚Sie/ihn lieben und ehren, bis der Tod euch scheidet' ist eine Selbstverpflichtung auch in erotischer Hinsicht. Auf die kürzeste Formel gebracht hat das der 1. Petrusbrief: ‚Dienet einander …!' (1. Petrus 4,10.)" [18]

Deutlich wird: Nicht die *Gefühle* stehen im Vordergrund,

- Ehe ist ein Liebesvertrag, ein Dienstvertrag,
- Liebe ist eine Selbstverpflichtung,
- Liebe heißt: Ich werde den Anderen achten und ehren,
- Liebe heißt nicht: Ich *erwarte* Liebe, sondern ich *schenke* Liebe.

Der Unterschied zwischen Liebe und Gefühl

Im Jahr 2012 ist der weltbekannte Managementberater Stephen R. Covey gestorben. Sein Buch, aus dem ich zitieren möchte, hat eine Auflage von über 14 Millionen Exemplaren gehabt. Er schildert aus einem Beratungsgespräch eindrücklich, wie er den Zusammenhang von Gefühl und Liebe beurteilt.

Ein Ratsuchender hat einen Vortrag von ihm gehört und spricht ihn an:

„‚Ich mache mir wirklich Sorgen. Meine Frau und ich haben einfach nicht mehr die gleichen Gefühle füreinander wie früher. Ich glaube, ich liebe sie einfach nicht mehr und sie mich auch nicht. Was kann ich tun?'

‚Das Gefühl ist nicht mehr da?', frage ich.

‚Richtig', stimmt er zu. ‚Und wir haben drei Kinder, um die wir uns sorgen. Was schlägst du vor?'

‚Liebe sie', antworte ich.

‚Aber ich sag' doch, das Gefühl ist einfach nicht mehr da.'

‚Liebe deine Frau.'

‚Du verstehst mich nicht. Das Gefühl von Liebe ist einfach nicht da.'

‚Dann liebe sie. Wenn das Gefühl nicht da ist, dann ist das ein guter Grund, sie zu lieben.'

‚Aber wie liebt man denn, wenn man nicht liebt?'

‚Liebe ist ein Tätigkeitswort, mein Freund. Liebe – das Gefühl – ist eine Frucht des Liebens, des Tuns. Also liebe sie. Diene ihr. Bringe Opfer. Höre ihr zu. Fühle mit ihr. Schätze sie. Bestätige sie. Bist du dazu bereit?'

‚Lieben' gibt es in der Sprache aller hochentwickelten

Gesellschaften als Tätigkeitswort. Liebe ist ein Wert, der durch liebende Handlungen verwirklicht wird.“ [19]

Zusammenfassung

In partnerschaftlichen Beziehungen sprechen immer die Gefühle mit. Aber:
Liebe ist nicht in erster Linie ein Gefühl,
Liebe ist Tat, Liebe dient, Liebe bringt Opfer,
Liebe ist eine soziale Fertigkeit, die eintrainiert werden muss,
Liebe erwartet nicht Liebe vom Partner, sie schenkt Liebe,
Liebe heißt: den Partner oder die Partnerin zu schätzen,
Liebe heißt: den Partner oder die Partnerin zu bestätigen,
Liebe heißt: Ich will dem Partner/der Partnerin treu sein.

AUSDRUCKSFORM NR. 6

Liebe lebt von Anerkennung

Einführung

Anerkennung ist eine Ausdrucksform der Liebe. Wenn die Anerkennung fehlt, werden Partner bewertend, besserwisserisch, vergleichend, kritisierend, verletzend, passiv-aggressiv, drohend und desinteressiert. Anerkennung sind auch Stolz, Bewunderung, Komplimente, Ermutigungen, Zuspruch und Zuhörenkönnen.

Liebe lebt von Anerkennung

Ohne Anerkennung verkümmert der Mensch. Anerkennung sind die „Streicheleinheiten", die wir täglich benötigen. Anerkennung wirkt wie eine Vitaminspritze. Solche anerkennenden Streicheleinheiten bauen auf. Sie fördern das Wohlergehen, steigern die seelische Zufriedenheit und stärken die körperliche und geistige Leistungsfähigkeit. Die reife Liebe braucht zu ihrer Entfaltung ein solches Lebenselixier.

Anerkennung besteht

- in Komplimenten,
- in Bestätigungen, in Ermutigungen,
- in Zuspruch,

- in herzlichen Gefühlen,
- im Zuhören.

Wenn ein Kind heranwächst, wird der ursprüngliche Hunger nach körperlicher Berührung abgewandelt in einen *Hunger nach Anerkennung:*

- Ein Lächeln,
- ein Nicken,
- ein Wort,
- ein Stirnrunzeln,
- eine Geste ersetzen nach und nach die körperlichen Streicheleinheiten.

Solche Stimuli haben eine unschätzbare Bedeutung. Sie fördern die Lebendigkeit, regen die geistige Tätigkeit an und haben einen wohltuenden Einfluss auf das Gesamtbefinden. Wie eine Blume sich strafft, wenn sie Wasser bekommt, so entfaltet sich der Mensch, wenn seelische Streicheleinheiten seine Persönlichkeit kräftigen. Und wie lauten solche anerkennenden Streicheleinheiten?

„Du hast ein Kleid an, das dir ungewöhnlich gut steht."
„Deine Haare liegen heute fabelhaft."
„Dein Auflauf ist dir vorzüglich gelungen."
„Ich unterhalte mich gern mit dir."
„Wenn du mich anstrahlst, bin ich glücklich."
„Ich bewundere deine Vorschläge, sie sind immer konkret und realistisch."

Sind wir bestätigt worden?

Haben wir einen gesunden Selbstwert? Strahlen wir Selbstvertrauen und Selbstbejahung aus? Oder sitzen uns Minderwertigkeitsgefühle im Nacken, die uns niederdrücken, die uns verklemmt und eingeschränkt erscheinen lassen? Selbstwertstörungen sind Störungen in der Liebe. Sie verhindern eine gleichwertige Beziehung. Der Mensch, der als Kind diese lebensnotwendigen „Aufbaustoffe" erhalten hat, zeigt Selbstbewusstsein und Selbstvertrauen. Er fühlt sich wertvoll und zweifelt nicht an seiner Liebesfähigkeit.

Die amerikanische Familientherapeutin Virginia Satir schreibt: „Um das kindliche Können bestätigen zu können, müssen die Eltern fähig sein, wahrzunehmen, wenn ein bestimmter Entwicklungsstand erreicht ist, um so zum richtigen Zeitpunkt eingreifen zu können. Sie dürfen nicht verlangen, dass es sich wie ein Fünfjähriges verhält, wenn es acht ist, oder wie ein Achtjähriges, wenn es fünf ist. Mit anderen Worten, wenn Bestätigung wirklich Bestätigung sein soll, muss man auf die Bedürfnisse, Fähigkeiten und Fertigkeiten des Kindes eingehen. Die Bestätigung muss klar, direkt und spezi-fisch geschehen." [20]

Dieses Zitat macht deutlich, wie wichtig die Eltern sind. Die Liebesfähigkeit ist eine Frage der Anerkennung. Ein Kind, das nicht anerkannt wurde, zeigt ein echtes Liebesdefizit. Das Kind hat keine Geborgenheit gehabt, seine Stärke und seine Fähigkeiten zu demonstrieren. Es hat eine schlechte Meinung von sich, es denkt:

Ich bin *unwichtig,*
ich bin *unzulänglich,*
ich bin *nicht liebenswert,*
ich werde *abgelehnt.*

Dieser heranwachsende Mensch erlebt, dass er in der Tat abgelehnt wird. Warum?

Er verhält sich unwichtig, er demonstriert allen Menschen Unzulänglichkeit, er reagiert distanziert, kühl, abwartend, schüchtern und gehemmt und spiegelt wider: Ich bin nicht liebenswert.

Oder es geschieht das Gegenteil, er *muss* auftrumpfen, *muss* sich zeigen und beweisen, weil er klein und minderwertig von sich denkt. Er *kämpft* um Anerkennung. Sein Verhalten im privaten und beruflichen Bereich ist auf Anerkennung abgerichtet. Wie ein Verhungernder liegt er auf der Lauer, um Anerkennung zu erbetteln.

Stephanie ist anerkennungssüchtig

Sie ist 18 Jahre alt und geht zum Gymnasium. Wenn sie auf dem Schulhof auftaucht, wird sie von Jungs umringt. Überall steht sie im Mittelpunkt und genießt es, angesehen, angesprochen und anerkannt zu werden. Sie braucht diese Anerkennung wie eine Droge. So gibt es in der Tat, genau wie eine Medikamentenabhängigkeit, auch eine suchtartige Abhängigkeit von Bewunderung und Bestätigung. Die normalen Dosen an Anerkennung reichen längst nicht mehr aus. Die Erwartung der Überdosen charakterisiert einen krankhaften Verlauf.

Bei Stephanie ist es so: Bleiben die bewundernden Blicke aus und liegen ihr nicht ständig junge Männer zu Füßen, wird sie unausstehlich. Mitten im Unterricht bekommt sie einen Weinkrampf. Jungs, die sie gleichgültig behandeln, kritisiert sie und lässt kein gutes Haar an ihnen. Der Spiegel ist ihr Hauptwerkzeug, dazu Make-up und ständig neue Kleider. Sie will gefallen, und sie muss gefallen. Geradezu krankhaft hungert sie nach Anerkennung und Bestätigung.

Stephanie ist das dritte Kind einer fünfköpfigen Familie. Die Mutter wurde schwer krank, als Stephanie ein halbes Jahr alt war. Der Vater musste hart arbeiten, um die Familie zu ernähren und zu versorgen. Er war ein wortkarger, verbissen wirkender Mann, der als Arbeiter in einem Stahlbetrieb das Lachen verlernt hatte. Er wurde nicht anerkannt und konnte seine Kinder nicht anerkennen. Seine harte Arbeit war selbstverständlich, die Mitarbeit der Kinder wurde von ihm nicht besonders honoriert, durch anerkennende Worte und Gesten schon gar nicht. Die Mutter litt ständig unter Schmerzen und brachte es ebenfalls nicht fertig, die Kinder zu ermutigen und ihnen Zuspruch zu geben. Ein Kind landete auf der Sonderschule, weil es seelisch und geistig verkümmert war, und Stephanie spielte die entgegengesetzte Rolle. Raffiniert stellte sie sich draußen zur Schau, buhlte um Anerkennung und verschaffte sich Bewunderer.

Nur: Zur Liebe ist sie nicht fähig. Keine Freundschaft hat bisher länger als acht Wochen gedauert. Und warum? Kein Junge ist in der Lage, ihr die Superration an Bestätigung zu verschaffen. Schon nach wenigen Wochen wird von Stephanie die Liebe infrage gestellt. Ihre Aggressionen nehmen rapide zu, ihre Kritik wird täglich härter. Die Jungen können machen, was sie wollen, ihre Liebesbeteuerungen wirken wie ein kraftloser Windhauch. Sie fühlen sich liebesschwach, und Stephanie reagiert enttäuscht, bricht das Freundschaftsverhältnis ab und sucht einen neuen Freund, der ihre krankhaften Anerkennungswünsche besser befriedigt.

Wer anerkennen kann, bereichert die Liebe. Wer Anerkennung und Bestätigung verweigert, nimmt der wahren Liebe eine wesentliche Ausdrucksform. Die Liebe muss nicht getötet werden, aber sie leidet. Sie friert. Ihr fehlt eine wesentliche Wärmequelle.

Zuwendung ist Anerkennung

Professor Dr. Gottman, der amerikanische Paartherapeut, hat bedenkenswerte Sätze für gelingende Liebesbeziehungen geschrieben. Bei ihm heißt es:

„Ich weiß: Paare, die sich einander zuwenden, bleiben emotional verbunden und trennen sich nicht. Solche, die das nicht tun, leben sich möglicherweise auseinander. Der Grund für den unterschiedlichen Werdegang, den diese Ehen nehmen, ist, was ich das ‚Gefühlskonto' des Paares zu nennen pflege. Partner, die die Eigenschaft haben, sich einander eher zuzuwenden, als sich voneinander abzuwenden, zahlen etwas auf das Konto ein. Sie schaffen sich eine emotionale Spareinlage, die ihnen als Rücklage dienen wird, wenn die Zeiten einmal schlechter werden und sie mit einem schweren Lebensproblem oder einem Konflikt konfrontiert sind. Weil sie all diesen guten Willen gesammelt haben, wird es ihnen leichter fallen, großzügig miteinander zu sein, wenn ein Konflikt entsteht. Sie können sich eine positive Einstellung zueinander bewahren und so ihre Ehe in schweren Zeiten erhalten." [21]

Zuwendung ist Anerkennung,
Zuwendung ist Liebe.

Zusammenfassung

Anerkennung ist eine Ausdrucksform der Liebe. Gleichgültigkeit ist das Gegenteil. Anerkennung beinhaltet „Streicheleinheiten". Wir streicheln mit den Augen, mit der Seele, mit dem ganzen Sein. Anerkennung besteht aus Komplimenten, Bestätigungen, Ermutigungen und Zuspruch.

Anerkennung bedeutet auch, sich bedanken zu können für die Wärme, die der andere schenkt, für seine Begeisterungsfähigkeit, für sein Vertrauen und für seinen Humor. Anerkennung beinhaltet loben können und bewundern.

Liebe lebt von Geborgenheit

Einführung

Liebende suchen Geborgenheit, Halt und Zugehörigkeit. Geborgenheit spiegelt Urvertrauen wider. Geborgenheit ist mehr als materielle Sicherheit. Geborgenheit vermittelt ein Zuhause-Gefühl, ein Gefühl des Aufgehobenseins. Mangelnde Geborgenheit kann später zu distanziertem oder zu klammerndem Verhalten führen.
Liebesfähigkeit spiegelt immer ein hohes Maß an Geborgenheitsgefühl wider. Der Mensch fühlt sich sicher, geborgen, zu Hause. Er hat das Gefühl, verwurzelt zu sein. Die Existenz hängt nicht in der Luft. Geborgenheit hat es darum mit Halt im Leben zu tun. Den Halt erwartet er nicht in erster Linie von außen. Er ruht in sich. Darum ist seine Liebe stark, weil er selbst sich gehalten und getragen weiß. Das Gegenteil sind Heimatlosigkeit und Ungeborgenheit.

Vernachlässigung – Verkümmerung – Hospitalismus

Die Sozialisation jedes Menschen verläuft unterschiedlich. Aus der völligen Abhängigkeit des Säuglings zur Mutter soll sich im späteren Leben eine gesunde Selbstständigkeit ergeben. Schrittweise vollziehen sich eine lebensnotwendige Trennung und Abnabelung. Der Mensch reift, kann loslassen und grenzt sein Ich vom

Du ab. Etwa ab dem 4. Lebensjahr wächst das Gemeinschaftsgefühl, und der Wunsch verstärkt sich, mit anderen Kindern zusammen zu sein. Dieser gesunde Verselbstständigungsprozess kann gestört werden. Eltern halten eifersüchtig ihre Kinder fest, und die Kinder klammern sich ängstlich an ihr Elternhaus. Selbstständigkeit und Selbstbehauptung werden blockiert.

Die andere Gefahr für das Kind besteht darin, dass es vernachlässigt wird. Es erfährt keine Geborgenheit und wird in seinem Urvertrauen enttäuscht. Viele Untersuchungen an Kleinkindern und Langzeitbeobachtungen an solchen Kindern im späteren Leben bestätigen, dass sie schwere Störungen ihrer Gesamtpersönlichkeit auf vielen Lebensgebieten erfahren.

Hier wird deutlich, wie wesentlich Geborgenheitsbedürfnisse für die Ausreifung der Liebe und der Liebesfähigkeit sind. Mangelnde Mutterliebe löst Angst aus.

Das Kind fühlt sich nicht *bejaht,*
das Kind fühlt sich nicht *verstanden,*
das Kind fühlt sich nicht *zu Hause,*
das Kind fühlt sich nicht *zugehörig,*
das Kind fühlt sich *entwurzelt.*

Wirkliche Mutterliebe hingegen ist die bedingungslose Bejahung des Lebens und der Bedürfnisse des Kindes. Dem Kind wird vermittelt:

- Es ist gut, zu leben,
- es ist gut, ein Junge zu sein,
- es ist gut, ein Mädchen zu sein,
- es ist gut, auf der Welt zu sein.

Nähe und Distanz

Um die beiden Pole Nähe und Distanz kreist ein harmonisches Liebesleben. Eheleute brauchen beides, wenn auch zu verschiedenen Zeiten. Nähe und Distanz spiegeln die Erfahrung mit Geborgenheit in der Familie wider. Mangelnde Geborgenheit kann den distanzierten Charaktertyp fördern. Er wurde allein gelassen, mit Wärme und Zuwendung nicht verwöhnt. Auf sich gestellt, versuchte er, allein mit dem Leben fertig zu werden. Gern zieht er sich zurück, hält Abstand von anderen Kindern und später im Leben vom Partner. Er vermisst Nähe und Wärme nicht so sehr, weil er sie nicht erfahren hat. Ohne dass er es will, vermittelt er Kühle und Sachlichkeit. Oft schenkt er materielle Sicherheit, aber keine Wärme und Geborgenheit, und der Partner an seiner Seite leidet unter der frostigen und distanzierten Beziehung.

Das Fatale ist, dass die distanzierte Persönlichkeit, wie wir den kühlen und Abstand haltenden Charakter nennen, die Nähe des Anderen als Vereinnahmung und Nachspionieren erlebt. Sie fühlt sich leicht eingeengt und kontrolliert. Im Extremfall fühlt sie sich verfolgt und bedroht.

Das Merkwürdige ist, dass distanzierte Persönlichkeiten gern anhängliche und abhängige Menschen an sich ziehen. Sie leben im Anderen das, was sie selbst nicht leisten können. Aber leben beide Partner Distanz und Abhängigkeit extrem, kommt es zu schweren Konflikten. Der Abhängige, der Geborgenheit sucht und ohne sie unglücklich liebt, konfrontiert den Partner nicht selten mit schweren Vorwürfen.

„Du drückst dich vor mir!"
„Du schämst dich, mit mir verheiratet zu sein!"
„Du bist kalt und gefühllos!"
„Du bist grausam und gemein!"
„Du liebst mich nicht richtig."

Beide produzieren Konflikte, weil sie verschiedene Erfahrungen mit Geborgenheitsgefühlen gemacht haben. Sie liegen im Kampf und beklagen ihre Unverträglichkeit. Und wie erklären wir uns die Spannung?

- Er hat zu wenig Geborgenheit erfahren und hat gelernt, sich allein und unabhängig durchs Leben zu bewegen;
- sie hat zu viel Verwöhnung erfahren und will sie auch als erwachsene Frau nicht missen;
- sie will mit Nähe, Zuwendung und Fürsorge überschüttet werden und beginnt den Partner zu klammern;
- sie fühlt sich verraten und getäuscht, macht Vorwürfe, stürzt sich in Hass- und Rachegefühle hinein und versucht, den Partner auf ihre Weise zu bestrafen;
- er zieht sich zurück, kapselt sich ab, schweigt und trifft seine Partnerin mit Distanz am härtesten.

Ungelöste Geborgenheitsbedürfnisse haben die innere Zerrüttung vorbereitet.

Orte der Geborgenheit

Geborgenheit hat es mit *Orten* zu tun. Wir haben an bestimmten Orten unsere guten oder schlechten Erfahrungen gemacht. Schmerzen und Freude, Leiden und Wohlbefinden sind in der Regel an Orte gebunden, die in unserer Erinnerung eine große Rolle spielen.

Ich arbeite in der Beratung gern mit „frühkindlichen Erinnerungen“. Sie spielen an verschiedenen Orten, und es ist wichtig, was der Klient erinnert:

- „Ich liege in meinem Bettchen, kein Mensch im Zimmer, die Uhr tickt, ich habe Angst. Ich rufe, und niemand antwortet.“
- „Ich spiele in einem Raum ohne Fenster, und es brennt immer Licht. Meine Mutter dreht mir den Rücken zu. Sie ist beschäftigt.“
- „Meine Schwester und ich spielen auf der Erde mit Puppen. Die Sonne scheint, es ist warm. Mutter sitzt in einem alten Lehnstuhl, den ich auch sehr liebe, schaut uns an und lacht. Wir sind glücklich.“
- „Es ist Winter, ich sitze allein im Sandkasten und spiele. Meine Hände tun weh, und ich schlage sie immer wieder in den Sand, weil sie so schmerzen. Ich weiß nicht, wo meine Mutter ist.“

Drei Klienten haben bestimmte Orte der Kindheit in wenig guter Erinnerung. Der erste fühlt sich ungeborgen, weil liebste Menschen fehlen und ihm nicht antworten. Er ruft ins Leere und entwickelt Angst. Ist die Erinnerung nicht die Widerspiegelung einer Grunderfahrung seines jetzigen Erwachsenenalters? Ich bin ohne Menschen, ohne Kontakt und ohne Echo.

Der zweite Klient hat auch bittere Erfahrungen in seiner Kindheit gemacht. Die Mutter, die Spenderin von Wärme, Zuwendung und Geborgenheit, dreht ihm den Rücken zu. Er ist allein, die Mutter ist beschäftigt.

Nur im dritten Erlebnis spricht ein Mensch positive Erfahrungen aus. Zufrieden und beglückt spielt er auf der Erde, die Sonne als Inbegriff der Wärme scheint ins Zimmer. Die Mutter ist zugewandt und lacht. Der Ort strahlt Behaglichkeit und Nestwärme aus. Der Klient ist nicht allein oder alleingelassen. Aus vollem Herzen kann er sagen: „Wir sind glücklich."

Dazu schreibt der Schweizer Therapeut Paul Tournier: „Lachende und weinende Orte, bedrohende und beruhigende Orte, verletzende und tröstende Orte, wir bewahren sie alle im Gedächtnis. Ort einer ernsten Liebeserklärung, eines ersten Kusses; Ort einer schweren Prüfung, eines Entschlusses, eines inneren Kampfes, einer fruchtbaren Begegnung; selbst ein gewöhnlicher Ort, an den sich eine unbedeutende Begebenheit knüpft ... Mein ‚Ort', das ist auch alles, was zu mir selbst gehört."

Und Susan Johnson, Professorin für Psychologie, und Matthias Angelstorf schreiben in einem Beitrag über Geborgenheit und Liebe:

„Die Abwesenheit von Verlustängsten ist die Grundlage für die Entwicklung von Spontaneität und Leidenschaft. In einer Beziehung, in der sich beide Partner akzeptiert und geborgen fühlen, können sie mehr sie selbst sein und den Herausforderungen des Lebens trotzen. Denn sie haben eine stabile Basis im Hintergrund – sie haben jemanden, der ihnen Rückendeckung gibt."

Verlustängste färben alles.
Verlustängste untergraben die Geborgenheit und das Lebensgefühl der Selbstsicherheit.

Zusammenfassung

Sich in der Partnerschaft geborgen fühlen ist ein wesentlicher Bestandteil ganzheitlicher Liebe. Je inniger und tiefgreifender die Erfahrung mit Angenommensein, Geborgenheit, sich gehalten und getragen wissen, desto stärker das Selbstvertrauen, das Selbstwertgefühl und die Fähigkeit, den Partner oder die Partnerin zu lieben. Der Geborgene muss nicht klammern, leidet nicht unter Verlassenheitsangst und engt den Partner nicht unnötig ein.

AUSDRUCKSFORM NR. 8

Liebe ist Überwindung von Einsamkeit

Einführung

Der Mensch ist ein soziales Wesen, er braucht ein Gegenüber. Je selbstbewusster, selbstvertrauender und selbstsicherer ein Mensch ist, desto weniger wird er von Einsamkeit und von Verlassenheitsgefühlen gequält. Ein Kind, das in der Ursprungsfamilie Wohlbehagen, Vertrauen, Zuversicht und Geborgenheit getankt hat, wird im späteren Leben besser mit Einsamkeit, Isolation und Alleinsein fertig.

Liebe ist Überwindung von Einsamkeit

Der Mensch ist von Hause aus kein Solist und kein Einzelgänger. Er ist auf Gemeinschaft angelegt. Der Mensch braucht den Mitmenschen wie das tägliche Brot. Ohne Du stirbt der Mensch, ohne Gegenüber verkümmert er. Der Einsiedler ist die Ausnahme der Gesellschaft, nicht die Regel. Einsamkeit kann kreativ sein, ist aber sehr oft eine menschliche Störung. Darum sind alle Probleme des Menschen Partnerprobleme, zwischenmenschliche Probleme. Sie betreffen das Personsein als Ganzes. Der Mensch erlebt sich daher nicht als isoliertes Wesen, sondern hat ein Gegenüber. Die Art und Weise dieses Gegenübers und ob wir eines haben, entscheidet unser

Leben. Die Stellung zum Mitmenschen, die Stellung zum Gegenüber, entscheidet über unsere Liebe. Wollen wir darum diese Liebe ganzheitlich erfassen, dürfen wir den Abschnitt „Überwindung der Einsamkeit" nicht vergessen.

Ein Baby, das von Geburt an ein liebevolles und zärtliches Du erlebt hat, das an der Mutter Wohlbehagen, Vertrauen, Zuversicht und Geborgenheit getankt hat, wird zufrieden und gestärkt ins Leben treten. Es hat ein beglückendes Wir erlebt und wird später die Sehnsucht nach einem Wir der Erwachsenen suchen. Und weil die wesentlichen Elemente der Liebe entfaltet wurden, ist es in der Lage, diese ganzheitliche Liebe weiterzugeben. Nähe, Vertrauen und Kontakt sind das Gegenteil von Einsamkeit. Der gesunde Mensch braucht diese Dinge und leidet, wenn er sie vermisst. Und darum wird ein Leben lang dieser gesunde Wunsch eine Rolle spielen, Zuwendung, Liebe und Einssein zu bekommen und Einsamkeit und Isolation zu vermeiden. So wird es verständlich: Liebe ist auch Überwindung von Einsamkeit.

Wie entwickeln sich Einsamkeit und Isolation?

Werfen wir noch einmal einen kurzen Blick auf die Lebensgeschichte eines Neugeborenen. Wenn Mütter, aus welchen Gründen auch immer, dem Kind zu wenig Liebe, Wärme, Zuneigung, Wohlwollen und Aufmerksamkeit geben, wird das Kind auf sich selbst zurückgeworfen. Es zeigt keine freudigen Reaktionen, kommt den Erwachsenen nicht entgegen und verhält sich kühl und reserviert. Der lebendige Austausch von Mutter und Kind wird vermieden. Das Kind muss sehen, wie es damit fertig wird. Gefühlsbeziehungen und Gefühlstiefe werden verhindert. Das Vertrauen zum Menschen wird nicht gefördert. Die Kontaktfähigkeit wird nicht entwickelt. Die Beziehungsfähigkeit kommt zu kurz. Du- und Wir-Gefühle bleiben auf der Strecke. Die ausgewogene Liebe, die viele Ausdrucksformen verkörpern soll, die sich dem anderen Menschen und speziell dem Liebespartner zufrieden und beglückend zuwendet, bleibt ein Torso. Die Brücke zum Du ist defekt. Sehr oft sind Kontaktstörungen, Einsamkeit und Isolation die Folgen. Wer einen solchen Menschen zum Lebenspartner bekommt, wird viele Enttäuschungen einstecken müssen. Er kann nicht geben, was er nicht bekommen hat. Er kann nicht leben, was er nicht erfahren hat. Zwei Menschen, die sich lieben wollen, bereiten sich unsägliche Schmerzen. Der eine ist bitter enttäuscht, weil seine Wünsche nach Geborgenheit, Nähe, Zärtlichkeit und Wärme unbeantwortet bleiben, der andere, weil er vielleicht bedrängt und geklammert wird und sich unfähig erlebt, Liebe angemessen zu erwidern.

Vor mehr als zwanzig Jahren ist ein bemerkenswertes Büchlein auf dem deutschen Markt erschienen. Es trägt den Titel „Die schizoide Gesellschaft". Aus der Sicht eines praktizierenden Therapeuten wird eine Persönlichkeitsstruktur in unserer Gesellschaft geschildert, die für Menschen unserer Tage kennzeichnend ist. Viele – vor allem junge Menschen – sind damit treffend charakterisiert. Als schizoid bezeichnet man Menschen,

- die über Kontaktschwierigkeiten klagen,
- die aufgrund ihrer distanzierten Haltung zu Menschen misstrauischer und vorsichtiger als andere sind,

- die eine verschiedengradige Bindungsangst widerspiegeln,
- die dem Alleinsein den Vorzug geben und sich unabhängig von anderen Menschen verhalten.

Schizoid heißt nicht schizophren. Wer sich als schizoider Mensch bezeichnet, muss nicht krank sein. Seine Persönlichkeitsstruktur ist allerdings wesentlich durch Distanz, Kühle und Unabhängigkeit gekennzeichnet. Es sind in der Regel rationale Menschen, die vom Kopf gesteuert sind und sachliche Dinge in den Mittelpunkt stellen. Zu ihnen zählen nicht die geselligen Typen, die Feiern lieben, Partys veranstalten und Menschen unterhalten. Schizoide sind eher stille Zuhörer, verhalten sich in Gesellschaften passiv und sitzen reserviert den Mitmenschen gegenüber. Ihre Qualitäten liegen nicht im Zwischenmenschlichen. Sie vermeiden den Trubel und ziehen sich eher wortlos und selbstzufrieden in ihr Schneckenhaus zurück.

Wird allerdings ihre schizoide und distanzierte Haltung stärker, nimmt die distanzierte Einstellung zum Mitmenschen zu, dann vergrößern sich selbstverständlich die Kontaktschwierigkeiten. Die Liebe in ihrer umfassenden Art, wie ich sie in diesem Buch vorstellen möchte, erleidet Schlagseite. Der Partner hat den Eindruck, mit einem „Stück Holz“ verheiratet zu sein. Die Distanz zwischen den Liebenden ist beträchtlich und die Frustration in der Regel nicht unerheblich.

Der schon zitierte Schweizer Therapeut Paul Tournier hat für die Einsamkeit der Menschen noch ein anderes Wort gefunden. Es handelt sich um einen Entwurzelten. Liebesentzug und Entwurzelung gehören zusammen. Entwurzelung drückt den Entzug menschlicher Liebe aus, gleichzeitig den Verlust der Heimat. Wörtlich schreibt Tournier:

„Entwurzelt sind im Grunde alle Waisen. Manche leiden unbewusst darunter, andere geben sich sehr gut Rechenschaft darüber. (...) Entwurzelt sind auch sonst alle Kinder aus zerrütteten Ehen von geschiedenen Eltern. Richtiger wäre zu sagen, sie seien Nicht-Verwurzelte. Denn ihr Unglück besteht darin, dass sie nie Wurzel schlagen, dass sie keinen zur Verwurzelung geeigneten Boden finden konnten. Ihr ‚Ort' wird ständig erschüttert, wie der Erdboden einer vulkanischen Gegend." [24]

Einsamkeit ist ein Syndrom

Verschiedene Einflüsse und Vorgänge verbinden sich zu einem Paket von Störungen – zu einem Syndrom. Der Hamburger Pastor und Psychotherapeut Gunnar von Schlippe spricht von zwölf Einsamkeiten, denen er in Seelsorge und Beratung begegnet ist:

- Die *schicksalhafte* Einsamkeit:
  Sie kann aufgezwungen sein aus überpersönlichen Gründen.
- Einsamkeit als Folge von *Fehlverhalten:*
  Einsamkeit ist mehr oder weniger die Strafe für schuldhaftes Handeln.
- Die Einsamkeit des *Forschers:*
  Es ist die Persönlichkeit, die ihrer Zeit voraus ist.

Der Forscher geht einsame Wege, auf denen die Menschen ihm nicht folgen können. Je mehr er leistet und je weniger er sich mit anderen Menschen darüber austauschen kann, desto einsamer und isolierter wird er.

- *Gewünschte* Einsamkeit:
  Nicht wenige Menschen suchen die Einsamkeit, fühlen sich dort wohl. Sie müssen nicht krank und verstört sein.
- Die *stolze* Einsamkeit:
  Der Mensch kommt anderen nicht entgegen. Er erwartet Annäherung vom Partner, die ehrlich und echt ist.
- Einsamkeit als *Schutz:*
  Diese Schutzhaltung des Einsamen muss als Bollwerk gegen die sie bedrohende Welt verstanden werden.
- Einsamkeit dessen, der *nicht verstanden wird:*
  Vielleicht will er auch nicht verstanden werden. Er schirmt sich ab, um Demütigungen, Enttäuschungen und Missverständnissen vorzubeugen. Er hat Verstandenwerden in seinem Leben nicht erlebt und kann Verstehen nicht weitergeben.
- Einsamkeit der *Enttäuschten:*
  Viele depressive Menschen, die als Persönlichkeiten Kontakt brauchen und suchen, sind vom Liebes- und Lebenspartner enttäuscht worden. Verbittert und resigniert ziehen sie sich in die Einsamkeit zurück und leiden.
- Einsamkeit, die als *Langeweile* erfahren wird:
  Selbst ist der Mensch inaktiv, kann wenig mit sich anfangen und empfindet das Leben als langweilig.

Er wartet, dass er mitgerissen und eingespannt wird.

- Einsamkeit als *Vereinzelung in der Masse:*
  Ein Schriftsteller in Amerika hat das einmal so formuliert: „Ich ertrinke in der Masse der Menschen."

Es gibt noch andere Einsamkeiten. Die Aufzählung macht deutlich, dass es schwer ist, von *der* Einsamkeit zu sprechen. Einsamkeit ist eine Frage des Lebensstils. Wie sieht der Mensch sich selbst? Wie sieht er die Anderen? Welche Ziele verfolgt er im Leben? Und mit welchen Mitteln und Methoden versucht er, diese Ziele zu erreichen? Die Antwort auf diese Fragen verdeutlicht, wie der Betreffende seine Einsamkeit, Verlassenheit und Isolation einschätzt. Er kann sie wünschen und kann darunter leiden, er kann sie suchen oder sie verfluchen. Jede Einsamkeit wird anders erlebt.

Wie schrieb der deutsche Schriftsteller Kurt Tucholski:

> „Das ist schwer: ein Leben zu zwein.
> Nur eins ist noch schwerer: einsam zu sein!"

Einsamkeit und sexuelle Begierde

Der einsame Partner hat es schwerer, sich verbal zu äußern. Sein Innenleben ist reich, sein Gefühlsleben arm. Er redet wenig, aber er handelt. Auf diese Weise kann das Sexuelle erheblich stimuliert werden. Der Einsame und Schweigsame redet darum nicht mit dem Mund, er redet mit den Geschlechtsorganen. Seine Liebe drückt er handfest und intensiv aus.

Erich Fromm beschreibt diesen Zusammenhang zwischen sexueller Begierde und Alleinsein so: „Aber die sexuelle Begierde kann auch durch die Angst des Alleinseins, durch den Wunsch zu erobern oder sich erobern zu lassen, durch Eitelkeit, durch den Wunsch zu verletzen oder ganz zu zerstören, ebenso stimuliert werden wie durch Liebe ... Man findet oft zwei Verliebte, die niemanden sonst lieben. Ihre Liebe ist dann in Wirklichkeit ein Egoismus zu zweit; es handelt sich dann um zwei Menschen, die sich miteinander identifizieren und die das Problem des Getrenntseins so lösen, dass sie das Alleinsein auf zwei Personen erweitern. Sie machen dann zwar die Erfahrung, ihre Einsamkeit zu überwinden, aber da sie von der übrigen Menschheit abgesondert sind, bleiben sie auch voneinander getrennt und einander fremd.“ [25]

Einsamkeit weckt sexuelle Begierde. Zwei Menschen wollen in der totalen Vereinigung das Alleinsein abschütteln und überfordern sich. Der Geschlechtsverkehr soll Probleme lösen, die ein Partner oder beide seit Jahren in sich tragen. Das körperliche Einssein ist in der Tat der dichteste Ausdruck der Liebe, es kann aber das schwere Defizit der Einsamkeit und des Vernachlässigtseins nicht lösen. Die Vereinigung wird Mittel zum Zweck. Sie wird als Kitt benutzt, der nur vorübergehend, aber nicht durchgreifend hilft.

Klammeräffchen

So überschreibt Michael Eichhammer einen kleinen Abschnitt in seinem Buch:
„Wer seinen Partner als Heilsbringer sieht, der einen aus der tristen Einsamkeit retten soll, macht sein Lebensglück vor allem von diesem Menschen abhängig.

Keine gute Basis für eine entspannte und gleichberechtigte Partnerschaft. Der Liebesschwur ‚Du bist mein Ein und Alles' klingt in diesem Zusammenhang eher bedrohlich und fordernd als romantisch. Emotionale Klammeräffchen, die sich in erster Linie über ihren Partner definieren, neigen verstärkt zu Eifersucht, weil sie Angst davor haben müssen, mit dem Partner auch ihren Lebenssinn zu verlieren." [26]

Eichhammer hat recht: Wer seinen Partner zum Heilsbringer stempelt, macht sich zu abhängig vom Anderen. Die Gleichberechtigung ist gefährdet. Ein Stück Abhängigkeit in der Partnerschaft ist notwendig. Aber der Verlust darf nicht zum Verlust des Lebenssinnes führen.

Können diese Menschen nicht aus ihrer Haut?

Müssen sie bei den genannten Defiziten eine spätere Partnerschaft gefährden?

Die Erfahrung aus jahrzehntelanger Beratungs- und Seelsorgearbeit zeigt mir, dass junge und ältere Menschen an diesen Schwächen arbeiten können. Wenn der Einzelne vor der Ehe oder beide Partner in der Ehe diese Konfliktmuster offen ansprechen, können gemeinsam gefundene Lösungsstrategien eingeübt und eintrainiert werden. Christen haben eine weitere Möglichkeit, mit Gottes Hilfe und seinem Beistand ernsthaft diese Beziehungsschwächen ins Gebet zu nehmen.

Wieder wird deutlich, dass leidenschaftliche Verliebtheitsgefühle und starke erotische Anziehungskräfte nicht ausreichen, um eine dauerhaft gelingende Liebe zu garantieren.

Zusammenfassung

Der Mensch ist kein Solist, sondern ein soziales Wesen. Darum gehören zur Beziehungsfähigkeit Ich-Stärke, ein gesunder Selbstwert und eine Überwindung einer gesunden Einsamkeit. Gott will kein Alleinsein des Menschen. Die Einsamkeit gibt es nicht. Seelische Störungen und Defizite können unterschiedliche Vereinsamungsgefühle, Verlustängste und ein Nichtverstandenwerden auslösen. Beratung, Therapie und Seelsorge können helfen, Defizite und Mängel auszugleichen, wenn beide Partner es wollen.

AUSDRUCKSFORM NR. 9

Liebe ist Geben und Nehmen

Kurzinformation

Liebe ist eine wechselseitige Beziehung. Es geht um Geben und Nehmen, Schenken und Beschenkt-Werden, um Lieben und Geliebt-Werden, um Bemuttern und Bemuttert-Werden, um Verwöhnung und Verwöhnt-Werden, um Fürsorge-Geben und Fürsorge-Nehmen. Das heißt auch: Gegensätze ziehen sich an, denn Menschen, die an sich etwas vermissen, suchen einen Partner, der ihnen diesen fehlenden Anteil schenkt.

Liebeswährung und Leistungswährung

Diese beiden Begriffe verwendet Professor Helm Stierlin aus Heidelberg in einem Beitrag von Helga Levend. Bei ihr heißt es:

„Folgt man dem ‚investitionstheoretischen Modell' der systemischen Therapie, um Paarbeziehungen zu analysieren, dann bringen die Liebenden – wie Helm Stierlin sagt – unterschiedliche Währungen in die Beziehung ein. Diese Währungen wurden in den Herkunftsfamilien der Partner geprägt. Und in ihrem Wert festgelegt. Einer der Partner hält vielleicht Hilfsbereitschaft, emotionale Nähe, Geduld und Zuwendung für die starke Währung; der andere Partner glaubt, allein der berufliche und finanzielle Erfolg, das damit verbundene gesellschaftliche Ansehen sind als harte Währung anzusehen. Man kann das eine als ‚Liebeswährung', das andere als ‚Leistungswährung' bezeichnen." [27]

Geben und Nehmen werden unterschiedlich bewertet. Hilfreich ist es, wenn beide Partner diese unterschiedlichen Bewertungen erkennen und beim Aufrechnen keine Ungerechtigkeiten wahrnehmen. Wenn kein Gleichgewicht im Geben und Nehmen besteht, beschämt einer den anderen. Ein Partner fühlt sich klein, bedürftig und abhängig.

Geben und Nehmen bei Männern und Frauen

Der amerikanische Psychologe John Gray, ein Bestsellerautor in Amerika, schreibt in einem seiner Bücher über Geben und Nehmen:

„Ein verliebter Mann sorgt sich um den anderen genauso viel wie um sich selbst. Plötzlich ist er von den Fesseln seines alten Ichs befreit. Nicht mehr er selbst steht im Mittelpunkt. Er besitzt die Freiheit, einem anderen nicht aus Eigennutz zu geben, sondern aus dem Wunsch heraus, sich um jemanden zu sorgen. Er erlebt die Zufriedenheit seiner Partnerin so, als sei es seine eigene. (...) *Nicht gebraucht zu werden ist für einen Mann der schleichende Tod."* [28]

John Gray beurteilt Geben und Nehmen bei Frauen so: *„Frauen sind glücklich, wenn sie darauf vertrauen können, dass ihre Bedürfnisse erfüllt werden.* Wenn eine Frau verärgert, überlastet, verwirrt, erschöpft und hoffnungslos ist, braucht sie zuerst einmal jemand, der für sie da ist. Sie muss das Gefühl haben, sie ist nicht allein. Sie muss sich geliebt und umsorgt fühlen.“ [29]

Dem Partner die Schuld in die Schuhe zu schieben, wenn das Gleichgewicht zwischen Geben und Nehmen nicht stimmt, ist gefährlich. Oft ist es hilfreich, mit einem unvoreingenommenen Dritten die Konflikte zu besprechen, um Kompromisse und Lösungen zu erarbeiten, die beiden Partnern einleuchten.

Das ergänzende Zusammenspiel

Nach meiner Beobachtung gibt es ein Element der Liebe, das sich ausgeprägt und weniger ausgeprägt in vielen Partnerbeziehungen bestätigt findet. Beschreiben wir es mit

- sich beschützen lassen und beschützen wollen,
- sich bemuttern lassen und bemuttern wollen,
- sich versorgen lassen und versorgen wollen,
- Fürsorge geben und Fürsorge nehmen,
- sich betreuen lassen und betreuen wollen,
- sich verwöhnen lassen und verwöhnen,
- geben und nehmen.

Es gibt sicherlich noch mehr Ausdrücke, die dieses Verhalten treffend umschreiben. In den meisten Ehen ist dieses sich ergänzende Zusammenspiel vorhanden. Wenn es im Normalbereich bleibt, kann es ein wohltuendes Hand-in-Hand-Spiel bedeuten. Beide Eheleute leben Verhaltensweisen aus, die ihrem Lebensstil entsprechen und die sie sich im Laufe der Jahre zu eigen gemacht haben. Auffallend ist, dass gegensätzliche Umgangsmuster in der Mehrheit die Partnerbeziehung bestimmen. Was dem einen recht ist, ist dem anderen billig. Was der eine bevorzugt, kommt dem anderen entgegen. Wie kommen diese Beziehungsmuster zustande? Was motiviert diese Selbstbehauptungs- und Durchsetzungsmethoden?

Bemuttern wollen

Im Babyalter werden die Weichen gestellt. Mutterliebe ist positive Zuwendung. Ohne diese Bemutterung kann das Baby nicht leben. Es müsste seelisch verkümmern. Mutterliebe ist die erste Liebe, die jeder Mensch erfährt, und sie bleibt für ihn ein Leben lang das Grundmodell der Erfahrung, geliebt zu werden. Die Verhaltensweisen *Zuwendung geben* und *Bemutterung ausdrücken,* dieses Beschützen und Aufmerksamkeit-schenken-können, werden als Erfahrungsmuster so einverleibt, dass sie später als Leitmelodie des Lebensstils herausragen.

Schauen wir uns das an einem Beispiel an. Elvira, eine Frau von 32 Jahren, schleppt buchstäblich ihren Mann mit in die Beratung. Wenn ein Beobachter hinter einer Scheibe dieses Paar studieren würde, ohne ein Wort zu verstehen, er käme zu der Überzeugung: Hier wird ein Mann von vorn bis hinten bemuttert. Er sitzt ohne Anspannung artig und passiv auf seinem Stuhl, nickt und lässt Reden über sich ergehen. Man spürt auch keine Abwehr bei ihm. Er ist nicht widerspenstig und blockt nicht gegen seine Frau und den Berater ab. Seine Haltung demonstriert äußerste Gelassenheit. Interessiert hört er zu und nimmt alle Impulse auf. Seine Frau spricht lieb und beharrlich auf ihn ein, wendet sich ihm entschlossen und aktiv zu. Ihre Hände, ihr Kopf, ihr Oberkörper, ihre Beine, ihr Mund und ihre Augen sind in Bewegung. Mit ihrer ganzen Existenz bemüht sie sich um den Partner. Beide signalisieren ein perfekt ausgeklügeltes Zusammenspiel.

- Der eine bemuttert, der andere lässt sich bemuttern,
- der eine ist initiativ, der andere lässt sich mitziehen,
- der eine ist aktiv, der andere passiv,
- der eine handelt, der andere lässt sich behandeln,
- der eine entscheidet, der andere lässt entscheiden.

Keine Böswilligkeit von beiden Seiten. Kein Kampf, wie er in der Regel zwischen Eheleuten stattfindet, wenn sie ihre verschiedenen Charaktere und Verhaltensmuster ausleben.

Die Geschwisterposition der beiden gibt Aufschluss über ihr Verhalten, ihre Rollen. Sie haben sich gesucht und gefunden. Beide passen zusammen wie der Schlüssel zum Schloss. Sie ist ältestes Kind und hat die Rolle ihrer Großmutter bis in die Einzelheiten übernommen. Als Vizemutter hat sie weitere vier Kinder betreut. Auf eine schulische Karriere hat sie verzichtet und hat sich ganz der Bemutterung der jüngeren Geschwister hingegeben. Besonders zugetan war sie ihrem jüngsten Bruder, einem netten, charmanten, aber faulen und bequemen Jungen. Der drückte sich, wo er konnte, im Haushalt, in der Familie und in der Schule. Er verstand es, sich liebenswürdig, ahnungslos und kindlich zu geben. Niemand konnte ihm böse sein. Seine Schwester gab sich unendliche Mühe mit ihm, sein Verantwortungsgefühl zu wecken, seine Faulheit und sein Desinteresse abzubauen. Sie fühlte sich wichtig und gebraucht und setzte ihre ganze Kraft darein, aus dem jüngsten Bruder ein brauchbares Mitglied der menschlichen Gesellschaft zu machen. Die Großmutter war ihr Vorbild, mit Hingabe und Selbstaufopferung am Ball zu bleiben.

Und dieser Mann verkörperte genau das Ebenbild dieses jüngsten Bruders. Die Frau verwechselte zu Anfang der Ehe sogar die Vornamen. Der Mann war drittes und jüngstes Kind und von der Mutter als einziger Junge verhätschelt und verwöhnt worden. Gern hatte er sich diese Bemutterung gefallen lassen. Mit seinem passiven und empfangenden Verhalten hatte er der Mutter augenscheinlich Freude gemacht. Sie tat es gern, er hatte es gern. Die Ehe der Eltern war ohnehin schwierig. Da hatte die Mutter eine Aufgabe, die sie mit Inbrunst erfüllte, nämlich:

- geben wollen,
- Verantwortung tragen,
- führen und begleiten,
- Entscheidungen für andere treffen.

Das sind tief verwurzelte Durchsetzungsmuster, die dem Betreffenden das Gefühl geben, auf diese Weise verwirkliche ich mich am besten. Mit diesen Praktiken leiste ich meinen Beitrag im zwischenmenschlichen Umgang.

Haupt und Herz

Liebe, die beschützen will oder Schutz sucht, kann auch in einem anderen Bild eingefangen werden, das der Vater der Gamologie, der Eheforschung also, Dr. Theodor Bovet, beschrieben hat. Er charakterisiert die Mann-Frau-Beziehung folgendermaßen:

„‚Der Mann ist das Haupt der Gemeinschaft', erklärt das Schweizerische Zivilgesetzbuch in Anlehnung an die biblische Auffassung. Die meisten Männer brüsten sich mit dieser Würde, und die meisten Frauen fühlen sich dadurch zurückgesetzt und beleidigt. In Wirklichkeit aber wird mit diesem Ausdruck kein Vorgesetztenverhältnis begründet, sondern dem Mann gewissermaßen die Aufgabe des Steuermanns im ehelichen Boot zugewiesen. Er vertritt die Gemeinschaft nach außen, er bestimmt den Wohnsitz, und er hat für den Unterhalt der Familie zu sorgen. Neben dem ‚Haupt' hat aber dieser eheliche Organismus auch ein ‚Herz', und das ist die Frau ... Sie führt den Haushalt. Der Mann baut die Form, die Frau füllt sie aus." [30]

Diese Charakterisierung entspricht mehr einem Wunschbild. Meines Erachtens trifft sie heute nicht mehr die Wirklichkeit. In vielen Fällen ist der Mann eben nicht das Haupt. Die Frau ist sehr oft das Haupt, und der Mann verkörpert nicht das Herz. Ich glaube, dass wir nicht von Idealvorstellungen ausgehen dürfen, sondern die Erfahrung, die Sozialisation eines Mädchens und eines Jungen im Auge behalten müssen. Was haben die Kinder erfahren? Zu welchen Lebensstilen haben sie sich durchgerungen? Was sind ihre Durchsetzungsmuster?

Wollen sie führen oder geführt werden?
Wollen sie entscheiden oder über sich entscheiden lassen?
Wollen sie das Heft in der Hand halten oder sich anpassen?
Wollen sie Verantwortung tragen oder Verantwortung abschieben?

Das sind grundlegende Modelle, die im Familienleben geformt werden. Das sind Leitmelodien, die sich jeder Mensch in seiner Kindheit zu eigen macht. Sie geben Männern und Frauen das Gepräge. Männer und Frauen können sich – unabhängig vom Geschlecht – für „Haupt-Verhaltensweisen“ und für „Herz-Verhaltensweisen“ entscheiden. Die Natur hat diese Umgangsmuster nicht in allen Einzelheiten vorherbestimmt. Die Umwelt und das schöpferische Verhalten des Menschen im Netzwerk der Familienbeziehungen haben vermutlich mehr Einfluss und fördern die Leitmelodien solchen Verhaltens in der Liebe.

Der Partner gibt sich selbst

Das Geben wird in der Liebe von vielen höher eingeschätzt als alle anderen Qualitäten. „Geben ist seliger als Nehmen“, schreibt schon die Bibel und bezieht es vermutlich auch auf das zwischenmenschliche Verhalten der Liebenden. Und Hermann Oeser, der vor vielen Jahren ein Ehebüchlein veröffentlichte, das schon von mehreren Generationen verschlungen wurde, kennt nur einen Schlüssel für wahres Eheglück: „Du, du, du nur allein!“

Das Ich wird kleingeschrieben, das Du gewinnt geradezu magische Qualität. Diese Liebesphilosophie hat etwas Bezwingendes. Sie leuchtet ein, ich melde nur Zweifel an, wenn Geben als der Schlüssel menschlichen Liebeslebens hingestellt wird. Geben ist ein Teilstück, bestimmt ein wichtiges, Geben ist eine notwendige Ausdrucksform reifer Liebe. Wer nicht geben kann, kann nicht lieben. Wer nur nehmen kann, ist unfähig zur Liebe. Jede Einseitigkeit bringt die Liebe aus dem Gleichgewicht. Aber nun konkret: Was verstehen wir unter Geben?

Erich Fromm schreibt über dieses Element der Liebe:

„Der wichtigste Bereich des Gebens liegt jedoch nicht im Materiellen, sondern im zwischenmenschlichen Bereich. Was gibt ein Mensch dem anderen? Er gibt von sich selbst. (...) Er gibt etwas von seiner Freude, von seinem Interesse, von seinem Verständnis, von seinem Wissen, von seinem Humor, von seiner Traurigkeit – von allem, was in ihm lebendig ist. (...) Die Liebe ist aber nicht nur ein Geben, ihr ‚aktiver' Charakter zeigt sich auch darin, dass sie in allen ihren Formen stets folgende Grundelemente enthält: Fürsorge, Verantwortungsgefühl, Achtung vor dem anderen und Erkenntnis." [31]

Schauen wir uns die Grundelemente Fromms etwas genauer an:

Geben beinhaltet Fürsorge

Fürsorge zeigt sich am deutlichsten in der Liebe der Mutter zu ihrem Kind. Sie zeigt Interesse am Anderen, am Wachstum. Der Andere soll sich geistig, seelisch und körperlich wohlfühlen. Wo dieses Sich-Kümmern fehlt, fehlt die gebende, schenkende Liebe.

Geben beinhaltet Verantwortungsgefühl
Verantwortung hängt sprachgeschichtlich mit dem Wort „antworten" zusammen.

Ich antworte auf die Wünsche und Bedürfnisse meines Partners. Verantwortung ist die Fähigkeit, zu antworten, die Fähigkeit, lebendig zu sein, zu fühlen, empfindsam zu sein und ein Gespür für den nächsten Menschen zu entwickeln.
Ich *sehe,* was ihm fehlt,
ich *fühle,* was ihn bedrückt,
ich *höre,* wenn er Wünsche äußert.

Selbstverständlich kann dieses Verantwortungsgefühl auch entarten, es entmündigt und manipuliert dann den Anderen und versucht, ihn zu beherrschen.

Geben beinhaltet Achtung vor dem Anderen
Wer gibt, will den Anderen nicht abhängig machen. Er achtet seine Einzigartigkeit. Er nimmt ihn, wie er ist, und nicht, wie er sein sollte. Wer den Anderen achtet, respektiert seine Eigenarten und Angewohnheiten, bejaht seine Mängel und Schattenseiten und stellt keine Bedingungen. Er gibt nicht und stellt gleichzeitig Bedingungen. Er schenkt nicht und knüpft daran erpresserische Hoffnungen.

Aber auch das andere gilt: Achten kann ich den Anderen nur, wenn ich mich selbst achte. Wer sich nicht gleichwertig fühlt, steht in der Gefahr, aus Angst und Minderwertigkeitsgefühlen den Partner zu manipulieren.

Geben beinhaltet Erkenntnis

Ich möchte den Anderen erkennen, ich will ihn nicht philosophisch und philologisch durchschauen. Wer jemanden total durchschauen will, möchte ihn in der Hand haben. Schon in ältester Zeit wurde für die geschlechtliche Begegnung von Mann und Frau das Wort erkennen benutzt.

„Adam erkannte sein Weib", heißt es in Genesis 4,1. Dieses Erkennen meint mehr als ein rationales Erfassen.

- Ich gebe mich hin,
- ich gebe mich preis,
- ich gebe mich zu erkennen,
- ich gebe mich hin und erkenne den Anderen.

Dieses Erkennen ist mehr als Wissen. Der Partner will nicht Fakten über den geliebten Menschen zusammentragen. In diesem Erkennen liefert sich der eine dem anderen aus. Er erkennt ihn voll als seinen geliebten Menschen an und dringt in jeder Weise tief in ihn ein. Im Geben und Erkennen wird ihm der Andere vertraut und schließt sich ihm auf.

Die Wachstumsformel

Wir haben gesagt, Liebe ist

- Geben und Nehmen,
- Schenken und Beschenktwerden,
- Annahme und Angenommenwerden,
- Versorgen und Versorgtwerden.

Es geht um die wechselseitige Identifikation der Bedürfnisse. Wirkliche Liebe finden wir dort, wo zwei Partner die Bedürfnisse des Anderen so empfinden, als wären es die eigenen. Sind zwei Liebende darauf aus, Wachstum und Bereicherung zu erreichen, wenden sie entsprechende Methoden an. Immer geht es um die positiven Entfaltungsmöglichkeiten. Darum gilt uns die Frage, ob wir *erfolgsorientiert* oder *fehlerorientiert* sind. Sehen wir die Fehler und Schwächen beim anderen und bei uns oder konzentrieren wir uns auf neue Wege und kooperative Verhaltensweisen? Es geht also nicht in erster Linie um Partnerschaftsstörungen, sondern um neue Möglichkeiten, brachliegende Kräfte und Chancen, die zwei Menschen ergreifen können, zu nutzen. Beide müssen lernen, nicht den Blick auf das Negative zu richten, auf den Mangel, sie müssen sich frei machen können für das Wachstum, für die befreiende Art, die reichen ungenutzten Möglichkeiten zu verwirklichen, die in ihnen schlummern. Unsere Blickrichtung ist entscheidend.

Wir können pessimistisch, fehlerorientiert, hoffnungslos und verzweifelt unsere Partnerbeziehung betrachten, dann ist alles verloren. Wer keine positiven Möglichkeiten *sieht,* kann sie auch nicht leben. Darum sind Krisen und Störungen Reifungshilfen. Beide konzentrieren sich auf ungenutzte Chancen und Wege, die sie nie vorher beschritten haben. Beide verzagen nicht, sie hoffen. Hoffnung ist eine der stärksten Antriebskräfte im menschlichen Leben.

Der Individualpsychologe Eric Blumenthal spricht von „positiven Augen“, die das Gute sehen und erwarten. Überwiegt das Positive am Partner, dann habe ich die richtige Einstellung. Hat er mehr Minuspunkte, dann wird es höchste Zeit, dass ich meine Blickrichtung überprüfe. Schließlich sehe ich das, was ich sehen *will.* Ich nehme wahr, was ich wahrnehmen *will.* Wer sich zu „positiven Augen“ entschließt, wer Erwartungen hat und sie ins Auge fasst, wer Hoffnung nährt und konkrete Wege beschreitet, wer an Veränderungen glaubt und sie bespricht, der gibt in der Partnerbeziehung. Geben beinhaltet in dieser Version, dass einer sich vertrauensvoll, erfolgsorientiert und positiv erwartend dem Partner hingibt. Dieses Sich-Einbringen kann eine Beziehung nur bereichern. Die Liebe wächst, weil einer gibt und bestätigt und weil einer gibt und zu neuen Wegen ermutigt.

Die bedürftige Liebe

So jedenfalls nennt der Engländer C. S. Lewis, der durch viele geistreiche Bücher in Deutschland bekannt geworden ist, einen Aspekt der Liebe. Wir haben von dem Baby gesprochen, das ohne Zuwendung, ohne Aufmerksamkeit, ohne Anteilnahme und Fürsorge nicht leben kann. Vielen widerstrebt es zutiefst, sich bedienen zu lassen. Sie wehren sich innerlich und äußerlich, Liebe, Hilfe und Dienste, in welcher Form auch immer, in Anspruch zu nehmen.

Ich erinnere mich an eine kleine Begebenheit. Sie liegt viele Jahre zurück. Ich war bei meinem damaligen Chef eingeladen. Als ich ging, wollte ich mir selbst meinen Mantel anziehen und zierte mich entsprechend, die Hilfe des wesentlich älteren Chefs in Anspruch zu nehmen. Und er sagte mit großer Liebenswürdigkeit: „Ich muss Ihnen ein Wort von Bodelschwingh weitergeben, der in ähnlicher Lage einem Mitarbeiter seines Betheler Werkes zurief: ‚Du musst noch viel demütiger werden!‘“

Der wahrhaft Demütige kann empfangen und annehmen. Er lässt sich beschenken und freut sich über die Zuwendung. Liebe lässt sich auch beschenken, Liebe lässt sich dienen. Bedürftige Liebe ist kein hässlicher Egoismus; wie manche Leute glauben.

In diesem Sinne schreibt C. S. Lewis:

„Ich kann der bedürftigen Liebe den Namen einer ‚Liebe' nicht mehr absprechen. Erstens tun wir den meisten Sprachen Gewalt an, wenn wir die bedürftige Liebe nicht ‚Liebe' nennen. Zweitens müssen wir uns hüten, bedürftige Liebe nur ‚Selbstsucht' zu nennen. ‚Nur' ist immer ein gefährliches Wort. Ohne Zweifel kann man der bedürftigen Liebe wie all unseren Trieben selbstsüchtig freien Lauf lassen. Ein tyrannisierendes und gieriges Fordern von Zuneigung kann grauenhaft sein. Aber niemand bezichtigt normalerweise ein Kind des Egoismus, weil es bei seiner Mutter Trost sucht, oder nennt jemanden, der sich von seinen Kameraden Gesellschaft erhofft, egoistisch. Kinder und Erwachsene, die so handeln, sind jedenfalls meist nicht am egoistischsten. Wer bedürftige Liebe empfindet, mag Gründe haben, ihr zu entsagen oder sie völlig zu unterdrücken; sie überhaupt nicht zu empfinden, ist im Allgemeinen das Merkmal des kalten Egoisten. Wir haben einander tatsächlich nötig (‚es ist nicht gut, dass der Mensch allein sei')." [32]

Gott hat die Bedürftigkeit des Menschen erkannt. Er hat ihm eine Gehilfin geschaffen, ein Gegenüber, eine Ergänzung. Es ist in der Tat ein Lebensgesetz, dass Geben und Nehmen, Schenken und Beschenktwerden, Liebe und Sich-lieben-Lassen zusammengehören.

Der Christ und die bedürftige Liebe

Im Christenleben erfährt die bedürftige Liebe einen hohen Stellenwert. Denn die Liebe des Menschen zu Gott ist ihrem Wesen nach in erster Linie bedürftige Liebe. Ohne Gott, ohne Vergebung und ohne Rechtfertigung können wir als Christen nicht leben. Wir lieben, weil Er uns zuerst geliebt hat. Wir können und dürfen vergeben, weil Er uns zuerst vergeben hat. Die Theologie spricht von der *gratia praeveniens,* von der zuvorlaufenden Gnade. Bevor wir einen Finger krumm machen konnten, war Gott da und hat uns geliebt.

Der Christ kann sich nicht auf seine Beiträge und Leistungen verlassen. Er kann vor Gott nicht auf seine Erfolge und Ruhmestaten bauen. Seine Werke und moralischen Qualitäten sind kein Grund, selbstherrlich zu werden. Wie sagt Luther am Ende seines Lebens, und dieses Wort drückt konkret und überzeugend die bedürftige Liebe aus: „Wir sind Bettler, das ist wahr!"

Im Matthäus-Evangelium drückt Jesus den Charakter der bedürftigen Liebe so aus: „Ihr plagt euch mit Geboten, die die Gesetzeslehrer euch auferlegt haben. Kommt doch zu mir; ich will euch die Last abnehmen. Ich quäle euch nicht und sehe auf keinen herab. Stellt euch unter meine Leitung und lernt von mir; dann findet euer Leben Erfüllung" (Matthäus 11,28 und 29).

Die bedürftige Liebe ist ein Ausdruck wahrer und umfassender Liebe. Sie adelt den Menschen, sie stempelt ihn nicht zum selbstsüchtigen Egozentriker. Wer als Christ zu dieser Bedürftigkeit Ja sagen kann, findet im Leben Erfüllung. In diesem Sinne wird die bedürftige Liebe nicht nur geduldet, sie wird bestätigt und aufgewertet.

Zusammenfassung

Eine wesentliche Ausdrucksform der Liebe sind Geben und Nehmen, sind Teilen und Mitteilen. Liebe braucht Gegenseitigkeit. Partner, die eine gelungene Wechselwirkung erleben und die ein zufriedenstellendes Gleichgewicht von Schenken und Beschenktwerden praktizieren, führen in der Regel eine beglückende Liebesbeziehung. Auch im Alter, wenn Gebrechen und Benachteiligungen einsetzen, wenn oft eine einseitige Fürsorge erforderlich wird, können Partner, die viele Jahre eine ausgewogene Beziehung lebten, leichter pflegen, sich kümmern und für den Kranken da sein.

AUSDRUCKSFORM NR. 10

Liebe ist Verliebtheit

Einführung

Verliebtheit ist ein Anfangs- und Einladungsstadium von Liebe. Was uns in Schlagern und Hollywoodfilmen verkauft wird, ist Verliebtheit und von wahrer Liebe weit entfernt. Verliebtheit und Liebe werden verwechselt. Verliebtheit übersteigt alle Erwartungen. Die Partner schwelgen in Euphorie. Verliebte genießen eine Traumwelt. Es gibt keine Probleme, keine Reibungen, keine ernsten Fragen. Drüsen-, Hormon- und Chemieprobleme scheinen diese Phase zu bestimmen. Das mehr oder weniger unsanfte Erwachen aus der Verliebtheit birgt auch die Chance, dass aus dem Verliebtsein Liebe entsteht.

„Jetzt ist es amtlich: Liebe macht doof!"

Viele Fachleute gehen heute hart und unbarmherzig mit der Verliebtheit ins Gericht. Sie spüren die verlogene Traumwelt der Verliebten, die nach einem Schlaraffenland häufig ein böses Erwachen erleben.

Einer davon ist Michael Eichmann.

Seine Zwischenüberschrift in einem Aufklärungsbuch lautet – wie oben. Untertitel: „Überraschende wissenschaftliche Erkenntnisse". Er bietet darin „Erste Hilfe für Frischverliebte" an. Wörtlich heißt es bei ihm:

„‚Ich bin verrückt nach dir!', rufen sich Verliebte gerne zu. Und sie wissen gar nicht, wie recht sie damit haben. Wer vernarrt in jemanden ist, ist auch im wörtlichen Sinne ein Narr. Um es noch schmeichelhaft, aber nicht minder faktengestützt zu sagen: geisteskrank auf Zeit. Irre auf Bewährung. Dank eines perfiden chemischen Cocktails leiden Frischverliebte unter Wahnvorstellungen."

Eichhammer ist überzeugt, dass die Schmetterlinge im Bauch, die euphorische Stimmung und die physische Anziehungskraft, der Glücksgefühl-Kick mit vielen Nebenwirkungen verbunden sind. Für ihn besteht kein Zweifel: „Verliebtsein ist der Ferrari unter den Emotionen." Er spricht von „geistig Verwirrten", die überzeugt sind, dass der Mensch, in den sie sich verguckt haben, ein Märchenprinz oder eine „Miss World" sein muss.

Verliebtheit ist nicht Liebe

So weit geht Professor Revenstorf, Psychologe an der Universität Tübingen und Mitarbeiter am Max-Planck-Institut in München. Wörtlich heißt es bei ihm:

„Verliebtheit ist der von Außenstehenden oft nicht nachvollziehbare Wahnsinn vollkommener Hingerissenheit, welcher den verliebten Menschen gefangen nimmt (...) Es ist eine Art Besessenheit, die sich anfühlt wie eine Rückkehr in die längst verlorene Instinktleitung. (...) Manche Autoren bringen Verliebtheit wegen gewisser biochemischer Veränderungen im Gehirn und Blutkreislauf, nämlich den erhöhten Pegel der Neurotransmitter Noradrenalin und Dopamin und den erniedrigten Spiegel an Serotonin mit der Manie in Verbindung. (...)

Verliebtheit ist nicht Liebe, aber sie schafft eine gute Voraussetzung für eine Liebesbeziehung, wenn beide gewillt sind, nicht nur den Rausch zu erleben, sondern sich dafür interessieren, das Geheimnis der Anziehung ein wenig zu lüften." [34]

Auch harter Tobak. Revenstorf spricht tastsächlich von „Manie", und sie zählt heute zu den sogenannten „affektiven Psychosen". „Demnach könnte man bei Verliebtheit klinisch von einer Art Geisteskrankheit sprechen, und tatsächlich führt die Verliebtheit zu Verhaltensweisen, die ähnlich unvernünftig und von manischem Optimismus geprägt sind." [35]

Verliebte und ihre Bindungsfreude

Der Wuppertaler Professor Manfred Hassebrauck, Deutschlands führender Experte für Partnerwahl und Liebesleben, der seit 30 Jahren auf diesen Gebieten forscht, schreibt über die Bindungsfreude von Verliebten:

„Im Vergleich dazu schneidet der klassische Beziehungsalltag eher schlecht ab. In meinen eigenen Studien habe ich festgestellt, dass von 100 neu begonnenen Beziehungen nach nur sechs Monaten nur noch 60 bestehen. Nach zwei Jahren sieht die Bilanz noch schlechter aus."

Hassebrauck macht deutlich, dass die *Bindung* neben Intimität und Leidenschaft zu den drei wichtigsten Grundpfeilern der Liebe gehört. Sie ist am Anfang der Verliebtheit nicht vorhanden. Sie muss sich im Laufe der Beziehung entwickeln.

Verliebtheit macht blind

Die Überschrift kommt in einer alten Spruchweisheit zum Ausdruck. Treffsicher beschreibt sie die Schattenseiten dieses faszinierenden Gefühls. Verliebtheit ist ein wunderbarer Schwebezustand. Der Verliebte geht auf Wolken oder fühlt sich auf Rosen gebettet. Er sieht die Dornen nicht, er ist einseitig vom Duft der Rosen betäubt. Jugendliche vor allem lieben mit geschlossenen Augen. Fehler, Schwächen und schlechte Charaktereigenschaften des Partners werden oft gar nicht registriert. Irgendwelche Gefühle sind zu stürmisch und überlagern das Bewusstsein, sodass der andere so, wie er wirklich ist, gar nicht wahrgenommen wird.

In seinem Buch „Einer muss wachen“ schreibt der Dichter Manfred Hausmann: „Es ist nicht wahr, dass Liebe, wie der Volksmund wissen will, blind macht. Der Volksmund, der so leicht etwas verwechselt, meint hier Leidenschaft, Begehren für Liebe. Die Liebe macht im Gegenteil hellsichtig und tiefsichtig, dass jede noch so unbedeutende Eigenschaft des geliebten Wesens, mag sie körperlicher oder geistiger Art sein, als notwendig und selbstverständliche Bildung des innersten Geheimnisses erkannt wird.“

Nein, Liebe macht nicht blind – sie sieht mehr, nicht weniger. Aber weil die wahre Liebe mehr sieht, ist sie bereit, weniger zu sehen. Liebe sieht den anderen, wie er wirklich ist. Verliebtheit macht blind. Sie projiziert in den anderen eine Idealvorstellung, die von der Wirklichkeit meilenweit entfernt ist.

Ein Verliebter ist wie ein geistig Umnachteter, wir haben es gehört. Er lebt nicht mehr in der Wirklichkeit. Er geht nicht über die Erde, er schwebt. Augen und Gedanken hängen in der Luft, wie bei dem berühmten „Hans-guck-in-die-Luft". Der Himmel hängt ihm voller Geigen, er hört nichts mehr vom Lärm und Leid ringsum, sein Ohr ist auf Sphärenmusik eingestellt.

Unter dem Ansturm des ersten erwachenden Geschlechtstriebes neigen junge Menschen dazu, sich glühend und bis über beide Ohren in das andere Geschlecht zu verlieben. Man liebt das hübsche Gesicht, die langen blonden oder schwarzen Haare, die schlanken Beine oder, wie es Andre Maurois ausdrückt, das „schnittige Chassis".

Viele verlieben sich zuerst mit den Augen, und die Verliebtheit der Sinne ist etwas ganz Natürliches. Erst allmählich lernen sie, mit zunehmender Reife, individuelle Unterschiede zu machen. Junge Menschen unter 18 glauben nicht selten ehrlich und ernsthaft, reife Liebe zu empfinden, und bei einigen kann das auch der Fall sein.

Verliebtheit ist ein Zustand höchster Seligkeit, wobei der Verstand, das Denken, narkotisiert bleibt. Gefühl ist alles. Elterliche Ermahnungen und die Ratschläge der Erwachsenen sind Schall und Rauch. Das Gefühl bestimmt die Richtung. Und welchen Stellenwert das Gefühl hat, davon war schon die Rede. Es ist ernst zu nehmen, aber es signalisiert uns selten die wahre Liebe. Im Gefolge der chemischen Prozesse, die unsere Sexualhormone inszenieren, werden heftige Gefühle aufgewühlt, die Verliebtheit schießt ins Kraut. Ein simples Reiz-Reaktionsschema läuft ab. Hätte Gott es nicht auf wunderbare Weise in unser Leben eingebaut, würden die Menschen aussterben. Sexuelle Anziehung und Begeisterung sind lebensnotwendig und schöpfungsmäßig in Ordnung. Aber jeder Mensch, ob alt oder jung, muss wissen, dass sie einen Treibsatz für die Liebe darstellen, aber niemals die Liebe in ihrer abgerundeten Form beinhalten. Nicht umsonst sprechen wir von den verschiedenen Elementen und Teilstücken der Liebe, die wir hier analysieren, aber in Wirklichkeit niemals aus dem großen Ganzen herausoperieren können.

Verliebtheit als Selbsttäuschung

Verliebtheit ist schön und faszinierend, aber sie ist sehr oft ein Gaukelspiel. Meine subjektive Wahrnehmung hat die Realität völlig verzaubert. Meine „private Logik" hat aus dem normalen Menschen aus Fleisch und Blut einen Engel oder Heiligen gemacht. Der geliebte Mensch wird zum Ein und Alles. Wider besseres Wissen spielen wir ihm einen Rang zu, der jeden Rahmen sprengt. Und je höher unsere Idealvorstellungen, desto tiefer die Enttäuschungen. Nicht umsonst charakterisieren wir Jugendliche in der Pubertät als „himmelhoch jauchzend, zu Tode betrübt". Die Vorstellungen sind übertrieben, und die begleitenden Gefühle sind ebenfalls überschäumend. Der spanische Philosoph Ortega y Gasset formulierte daher unmissverständlich, wenn er schrieb:

„Die Verliebtheit ist ein Zustand seelischer Armut, der das Leben unseres Bewusstseins verengt, verödet und lähmt. Er ist also keine Bereicherung unseres Seelenlebens. Ganz im Gegenteil. Das Bewusstsein verengt sich und enthält nur noch einen Gegenstand. Lassen wir die romantischen Gesten, und erkennen wir in der Verliebtheit einen untergeordneten Geisteszustand, eine Art vorübergehenden Schwachsinns. Ohne eine geistige Versteifung können wir uns nicht verlieben. Ist der Prozess der Verliebtheit einmal im Gang, so läuft er mit verzweifelter Eintönigkeit ab. Alle, die sich verlieben, verlieben sich auf die gleiche Art – die Klugen und die Dummen, die Jungen und die Alten, die Bürger und die Zigeuner ... Es (das Mädchen) ist wie besessen und versunken und betrachtet in seinem Innern das Bild des Geliebten, das ihm immer gegenwärtig ist. Diese Versunkenheit gibt den Verliebten den Anschein von Traumwandlern, von Mondsüchtigen, von Bezauberten. Und in der Tat, die Verliebtheit ist eine Bezauberung." [37]

Ich verstehe, wenn Jugendliche diese Verketzerung der Verliebtheit empört. Ihre Rebellion kann ich nachempfinden, fühlen sie sich doch im Kern ihrer Überzeugung getroffen. Sie halten für Liebe, was Ortega y Gasset als Schwachsinn, als geistige Versteifung, als verengtes Bewusstsein und romantische Gesten abqualifiziert.

Auf noch etwas macht der Philosoph aufmerksam, das wir alle verstehen sollten: Verliebtheit ist keine Verrücktheit des Gefühls. Verliebtheit ist eine Versteifung des Geistes. Nicht mein Gefühl schlägt Purzelbäume und bringt mich um den Verstand, nein, meine Vorstellungen, meine Gedanken, meine Wahrnehmungen, meine Phantasien, meine Wünsche werden illusionär und produzieren entsprechende Gefühle. Darum sagen die Erwachsenen zu Recht:

- „Was der in das Mädchen reinschaut."
- „Sie stellt sich unter dem XY etwas Unrealistisches vor."

- „Er denkt, er hätte mit der Frau das große Los gezogen."
- „Sie weiß mit ihren 16 Jahren hundertprozentig, dass der Stephan der Einzige und Richtige ist."
- „Er glaubt uneingeschränkt, dass seine Wahl optimal war."
- „Sie lässt sich von niemandem überzeugen, dass sie danebengegriffen haben könnte."

Die Engstirnigkeit des Denkens macht den Verliebten schwierig. In der ersten Ausdrucksform habe ich deutlich gemacht: Liebe ist eine Frage des *Lebensstils.* Wie sehe ich mich selbst? Wie sehe ich den Anderen, den Partner? Welche Ziele verfolge ich? Mit welchen Mitteln und Methoden? Selbst in der Verliebtheit gehe ich den Weg meines Lebensstils. Unbewusst und unverstanden verfolge ich meine geheimsten Ziele. Bin ich stolz und will ich von dem Anderen bemitleidet werden, fliege ich auf Attraktivität und Schönheit. Ich schwärme von „tollen Formen" und bin begeistert, wenn ich ein selten schönes Exemplar erwischt habe. Meine „private Logik" gaukelt mir vor, dass dieser Mensch ideal zu mir passt. Leider fallen die Schuppen später von den Augen.

Vielleicht ergeht es dem Mädchen ähnlich. Sein Lebensstil macht deutlich, dass es gefallen will, dass es im Mittelpunkt stehen will. Es ist stolz, umschwärmt und begehrt zu sein. Plötzlich springt der Funke über. Die Verliebtheit zwischen zwei Menschen ist ausgebrochen. Beide laufen ihren geheimen Zielen nach. Sie finden Übereinstimmung in ihren geheimsten Wünschen. Jeder benutzt seine Logik, seine Psycho-Logik, um zu beweisen, dass dieser Mensch der Richtige ist.

Verliebt in einen Typ

In der Phase der Verliebtheit wird der Partner oft idealisiert. Aus einer Fülle von Eindrücken des bisherigen Lebens wird in der Phantasie ein Idealpartner zusammengesetzt. Eltern, Geschwister und geliebte Erziehungspersonen haben den Hintergrund abgegeben. Ein bevorzugtes Frauen- oder Männerideal wird als Schablone benutzt. Nicht der Originalmensch mit seinen Eigenarten, seiner Stimme, seinem Wesen und seinen Gaben wird geliebt, sondern ein Klischee.

Der Filmstar, die Schönheit in Illustrierten, Starmodels und Schönheitsköniginnen mit Idealmaßen können der Phantasie ein Bild liefern, das besonders angehimmelt wird. Heute sind es Sänger und Sängerinnen, Idole, die der Verliebtheit in die Hände spielen. Rock- und Popsänger haben zig-tausend Verehrerinnen und Verehrer. Die Anhänger und Anbeter spielen verrückt, wenn sie in einem Konzert die Nähe des Traummannes oder der Traumfrau erleben. Niemals kann der Verliebte auch nur den hundertsten Teil dieser Menschen kennengelernt haben. Aber er fliegt drauf. Ganz bestimmte Auslösereize haben die Gedanken, Vorstellungen und Wünsche des Verliebten in Erregung versetzt.

Mit bestimmten Körperreizen werden Wesensvorstellungen phantasiert, die niemals der Wirklichkeit entsprechen. In den Typ werden Wünsche hineinprojiziert, die sich nach kurzer oder längerer Zeit als Illusion entpuppen. Die Faszination der Liebe bricht zusammen wie ein Kartenhaus. Der Verliebte ist enttäuscht und ernüchtert zugleich. Er ist enttäuscht, das heißt, die Täuschung hat ein Ende.

Zusammenfassung

Insgesamt gesehen schneidet die Verliebtheit schlecht ab. Und doch gehört sie als Element und Ausdrucksform der Liebe dazu. Vielleicht kennzeichnen wir sie am zutreffendsten und werden ihrem Wesen gerecht, wenn wir sie als Durchgangsstadium zur Liebe definieren. Verliebtheit ist Liebe im Keimzustand. Ihr Verhalten ist kindlich und unreif, aber wie Menschen und Tiere ein Säuglingsstadium durchlaufen, muss auch die Liebe bis zur vollen Entfaltung eine Entwicklungszeit absolvieren. Leider besteht das Tragische des Verliebten darin, dass er das Durchgangsstadium für die Reifezeit hält.

AUSDRUCKSFORM NR. 11

Liebe ist Liebe auf den ersten Blick

Einführung

Eine Möglichkeit, wie sich Liebe entfalten kann, ist Liebe auf den ersten Blick.

Nicht alle erleben diese Ausdrucksform. Unbewusste Kräfte, Wünsche und Projektionen spielen eine Rolle. Es handelt sich um ein unwiderstehliches Gefühl, um das Aufleuchten eines Idealbildes. Oft ist es das Wiederbewusstwerden eines Bildes aus Kindertagen. Positive Begegnungen und positive Bilder von Gesichtern, Händen, Stimmen und Körperformen können die Liebe auf den ersten Blick beeinflussen.

Was spielt sich in Herzen und Hirnen ab?

Es ist möglich, dass besonders ältere Menschen gegen diese Vorstellung von der Liebe auf den ersten Blick Sturm laufen. Wie kann Liebe auf den ersten Blick etwas mit reifer, ganzheitlicher und wahrhaftiger Liebe zu tun haben! Kommt denn nicht in diesem Element der Liebe die ganze Unreife zum Ausdruck?

Ich arbeite seit vielen Jahren in der Eheberatung und verfolge in den zahlreichen Gesprächen den Weg der Partner vom ersten Liebesfunken, der zwischen zwei Partnern übergesprungen ist, bis zum gegenwärtigen Problem, das beide unter Umständen in eine Zerreißprobe hineingestellt hat. Oft entdecke ich, dass mir die Partner von leidenschaftlichen Gefühlen berichten, die plötzlich und unabwendbar über einen oder beide hereinbrechen. Sie wurden fasziniert, erlebten eine wohltuende Begeisterung und flogen aufeinander.

„In der Ausbildung begegnete sie mir. Ich musste sie immer wieder anschauen. Es war wie eine Blitzschlagliebe!", sagte ein Mann in der Beratung. Doch als sie sich lange näher kannten, tauchten so viele Gewohnheiten, Eigenarten und Einstellungsmuster auf, die die Ehe schwer belasteten. Aber das Erscheinungsbild stimmte.

Als ich als junger Mann bei meinem geistlichen Lehrer, Pfarrer Johannes Busch, ein Jahr lang beschäftigt war, erzählte er einmal beiläufig, dass die Anziehung zu seiner Frau eine Liebe auf den ersten Blick gewesen sei. In einem Chor hätte er sie gesehen und wäre auf der Stelle in sie verliebt gewesen.

Hier spielen unbewusste Kräfte, Wünsche und Projektionen eine Rolle, die wir schwerlich mit Unreife und Rührseligkeit abqualifizieren können. Sie sind bei den meisten da und wirken bei der Partnerwahl entscheidend mit. Auch wenn wir unseren Verstand zu Hilfe nehmen, können wir kaum diese geheimen Wünsche herausfiltern. Ob wir wollen oder nicht, sie fördern die gegenseitige Anziehung und sind ein Ausdruck unserer Liebe. Auch wenn die inneren Einflüsterungen sehr zweifelhafter Natur sind, wir müssen sie in Rechnung stellen.

Was sagt die innere Stimme?

Dichter, Verliebte und Verzauberte haben immer wieder versucht, dieses unerklärliche Phänomen zu beschreiben. Wir hören, es sei

- instinktsicheres Handeln,
- eine innere Stimme,
- ein unwiderstehliches Gefühl,
- das Aufleuchten eines Idealbildes.

Viele sagen mir, dass man dieser „inneren Stimme" folgen müsse. Sie weise uns unfehlbar auf die richtige Herzensspur. Denn Gefühle seien der Ausdruck tiefsten Erkennens. Von der Unzuverlässigkeit der Gefühle war schon die Rede. Wer sich auf solche Gefühle verlässt, ist in der Tat verlassen. Gefühle hängen sich an unverstandene Erkenntnisse, die aus Quellen in der Kindheit gespeist werden. Die meisten Forscher sind der Meinung, dass der Mensch nur verkümmerte Instinkte besitzt. Auf sie kann er sich nicht verlassen. Die große Liebe, die uns wie ein Blitzschlag trifft, ist nicht selten das Wiederbewusstwerden eines Bildes aus Kindertagen.

Es gibt ungezählte Möglichkeiten dieses Wiederbewusstwerdens. Wir erinnern uns an sehr liebe Menschen, die eine ganz bestimmte körperliche Ausstrahlung gehabt haben. Die Erinnerung an früher, die positiven Begegnungen, die glücklichen Stunden mit solchen meist älteren Menschen rufen Vorstellungen und entsprechende Gefühle wach, die plötzlich unsere Liebe beeinflussen. Heute begegnen wir einem jungen Mädchen oder einem jungen Mann und werden von Dingen angesprochen, die früher einmal eine besondere Rolle gespielt haben. Bilder aus Kindertagen werden wieder bewusst, und das sind:

- körperliche Ähnlichkeiten – eine vollschlanke oder eine extrem schlanke Figur, ein schmales oder zartes Gesicht, der Haarschnitt, fleischige Hände, schmale oder lange Hände;
- vertraute Bewegungen – der besondere Gang, die Art der Handbewegung, schnelle oder bedächtige Schritte, die eindrückliche Begrüßung oder Verabschiedung;
- Grübchen in der Wange, große Kulleraugen oder auch eine bestimmte Art zu reden und zu gestikulieren;
- physische Auffälligkeiten – lange Haare, blaue Augen, die besondere Kopfform, Größe und Gewicht;
- individuelle Eigenarten – der Geruch, die Höhe oder Tiefe der Stimme, ein bestimmtes Lächeln, die Vermittlung von Güte oder Strenge.

Alles an einem Menschen kann eine lebhafte erotische Resonanz hervorrufen. Die Liebe auf den ersten Blick kann sich am Äußerlichen des Menschen und am Charakter des Menschen entzünden. Immer geht es um Attribute und Eigenarten, die in dem Betreffenden einen unauslöschlichen Eindruck hinterlassen haben. Es sind uneingestandene Idealvorstellungen, die im Augenblick eine partielle Wunscherfüllung anbieten. Wir können sie auch Projektion des eigenen Urbildes auf andere nennen. Selten handelt es sich um eine tiefe, ernst zu nehmende Liebe. Ein passender Teilaspekt entspricht genau dem eingeprägten Bild aus der Kindheit, muss aber nicht mit den übrigen Erwartungen in seelischer, geistiger und ethischer Hinsicht übereinstimmen. Daher ist die Prognose für „Liebe-auf-den-ersten-Blick-Ehen" im Allgemeinen eine ungünstige. Der verliebte Mensch glaubt, in bestimmten wiedererweckten Eigenarten von früher Garantien für eine beglückende Liebe in Händen zu halten.

Auch bestimmte Hormone beeinflussen die Liebe auf den ersten Blick

Davon geht der Philosoph Richard David Precht aus, der in seinem Bestseller „Liebe" Folgendes formuliert:

„Begegnen wir einem Menschen, der uns anzieht, so jagt unser Körper das Hormon *Phenylethylamin* (PEA) in die Blutbahn. Gleichwohl ist es auch hier nicht das PEA, das uns einen Menschen reizvoll erscheinen lässt, sondern unsere Psyche. Wen wir anziehend finden oder nicht, sagt uns unser Unterbewusstsein und möglicherweise auch ein wenig unser Bewusstsein. Hormone dagegen sind die Erfüllungsgehilfen, die unsern Körper in die passende – und manchmal auch unpassende – Erregung versetzen." [38]

Precht zählt noch einige Hormone auf, die ebenfalls das Glücksgefühl des Berauschten und Verliebten beeinflussen. Die Sehnsucht des Verliebten wird durch die Hormone energetisch gesteigert, die Aufmerksamkeit erhöht sich, und die Hochstimmung ist perfekt.

Die tiefe Stimme als Liebesauslöser

Eines Tages kam eine Frau in mittleren Jahren zu mir in die Beratung. Sie hatte ein kleines Mädchen an der Hand, das damals noch im Kindergarten und etwa vier bis fünf Jahre alt war. Die Dame sagte, dass sie sehr unglücklich darüber sei, dass ihr Mann das Mädchen, das jüngste von drei Kindern, über die Maßen vorziehe. Sie habe drei Mädchen, und sie könne nicht verstehen, dass Elvira den Vater um den Finger wickeln könne. Die Kleine brauche nur den Mund aufzumachen, dann sei er fasziniert und hänge an ihren Lippen. Ich vermutete zuerst eine gehörige Portion Eifersucht bei der Mutter, das Gefühl, zurückgesetzt zu werden.

Die erste Beratungsstunde brachte für mich wenig Aufschluss. Als ich mich verabschiedete und die Dame ins Wartezimmer brachte, wo Elvira gespielt hatte, verabschiedete ich mich von der Tochter. Mit einer erstaunlich tiefen Stimme sagte das Mädchen zu mir: „Auf Wiedersehen, Onkel Ruthe." Beiläufig und ohne mir dabei etwas zu denken, sagte ich: „Was hat das Kind für eine schöne tiefe Stimme!" Mir fiel die Stimme besonders auf, weil ich selbst eine relativ hohe habe. Spontan schoss es aus der Dame heraus: „Das ist es ja. Mein Mann fliegt auf tiefe Stimmen. Dann ist er jedes Mal wie verzaubert!"

Sie hatte in der Beratung keine Silbe von der Vorliebe ihres Mannes für tiefe Stimmen gesagt. Hielt sie eine solche Möglichkeit für ausgeschlossen? Oder waren ihr diese Zusammenhänge vorbewusst? Die tiefe Stimme der Tochter war es also, die das bemängelte Vorziehen der Jüngsten ausgelöst hatte. Im Nachhinein stellte ich fest, dass auch die Frau eine relativ tiefe Stimme hatte.

Im nächsten Beratungsgespräch vereinbarte ich einen Termin gemeinsam mit dem Mann. Er ist Geschäftsführer in einem großen Werk und nur sehr schwer zu erreichen. Eines Tages meldete sich das Büro dieses Herrn. Am Telefon war seine Sekretärin, eine Dame mit einer außergewöhnlich tiefen Stimme. 14 Tage später hatte ich den Mann vor mir, einen robusten Geschäftsmann, der mich aufforderte, sofort zur Sache zu kommen, damit wir keine Zeit verlören.

Ich fragte ihn, ob ich eine sehr direkte und intime Frage an ihn richten dürfe. Er bejahte. Und ich fragte ihn, ob er ein Verhältnis mit seiner Sekretärin habe. Er war so verwirrt, dass er nur zurückfragen konnte, ob seine Frau etwas gemerkt hätte.

Dieser Geschäftsmann, der es gewohnt ist, hart zu verhandeln, und der sich in erster Linie auf kein Risiko einlässt, wird unbewusst von einer Vernarrtheit in tiefe Stimmen geleitet. Tiefe Stimmen faszinieren ihn derart, dass sie ihm Liebe vorgaukeln und damit seinen klaren Verstand vernebeln. Bereitwillig erzählte er, dass er in seiner Kindheit eine Großmutter gehabt habe, die ihn abgöttisch geliebt hätte. Er und sie wären ein Herz und eine Seele gewesen. Sie hätte eine Stimme gehabt, die sich unauslöschlich in seiner Seele eingenistet hätte. Sein Leben lang wurden darum tiefe Stimmen die Hauptauslöser für Verliebtheit und Liebe – ohne sich dessen voll bewusst zu sein.

Sehr oft kommen wir in der Beratung solchen geheimen Projektionen nicht auf die Spur. Der Mensch hat in den ersten Lebensjahren eine solche unbegreifliche „private Logik“ entwickelt, die seine Partnerwahl und damit seine Liebe nachhaltig beeinflusst. Gelingt es ihm nicht, diese Regie des Unbewussten aufzuhellen, wird er immer wieder von Dingen angezogen, die ihm vorgaukeln, der wahren Liebe auf der Spur zu sein.

Mitleid als Motiv

Nicht selten finden wir bei Mädchen diese Leitmelodie der Liebe. Wer sich als der Starke fühlt, der es gern hat, einen Menschen zu erziehen, zu bessern und zu heilen, gerät an Schwache und Hilfsbedürftige. Auch im Mitleid, wenn ich es so kennzeichnen darf, schwingen Urerfahrungen aus der Kindheit mit. Häufig sind es älteste Kinder, die für junge Geschwister die Verantwortung zu übernehmen hatten. Selbst in gleichgeschlechtlichen Freundschaften kümmern sie sich um Randsiedler, um Behinderte und Benachteiligte. Sie werden anerkannt und empfangen Dankbarkeit und Bestätigung. Die Liebe spiegelt ein zweckhaftes Verhalten wider. Sie wird benutzt, um unverstandene Wünsche und Absichten zu befriedigen. Beide Partner befriedigen ihre Bedürfnisse. Beide spielen sich perfekt in die Hände. Der eine ist zufrieden, helfen und Freude schenken zu dürfen. Der andere fühlt sich ernst genommen und trotz seiner Schwäche und Mangelhaftigkeit geliebt.

Mit sogenanntem „instinktsicheren Blick“ wird der Partner ausgewählt. Hilflosigkeit und Bedürftigkeit wecken beim Gegenüber Liebesgefühle. Ganz selten sind die Betreffenden in der Lage, ihren Lebensstil entsprechend zu formulieren. Und wie kann er lauten?

- Ich werde nur geliebt und anerkannt, wenn ich mich um Schwache kümmere;

- ich selbst halte mich nicht für liebenswert und begehrenswert, aber das dankbare Echo eines Menschen, der Beistand braucht, gibt mir Auftrieb und weckt Liebesgefühle;
- ich bin überzeugt, Liebe ist keine gleichwertige und partnerschaftliche Beziehung, sondern kann sich nur entfalten, wenn ich Halt gebe, Mut mache und für Mängel den Kopf hinhalte.

Nur so ist es zu verstehen,

- dass Starke und Schwache,
- Gebende und Nehmende,
- Helfende und Hilflose,
- Mitleidige und Mitleiderregende sich finden und

in Liebe zugetan sind. Je krasser allerdings die gegenseitigen Bedürfnisse gelagert sind, desto schwieriger gestalten sich auf Dauer die gegenseitigen Beziehungen. Die unbewussten Erwartungen sind zu gegensätzlich, die unbewussten Leitmelodien des Lebensstils zu wenig partnerschaftlich.

Die erste Filterstufe

Professor Hassebrauck, Sozialpsychologe an der Universität Wuppertal, beschreibt die erste Augenbegegnung so:

„Insofern ist es gar nicht so verwunderlich, dass wir Menschen gewissermaßen Experten in Sachen Aussehensbeurteilung sind. 100 Millisekunden, das ist kürzer, als ein Wimpernschlag dauert, reichen uns aus, um festzustellen, wie gut (oder auch nicht) jemand aussieht. (...) Zu Beginn haben wir oft keine andere Informationsquelle als das Aussehen zur Verfügung und können uns auf nichts anderes stützen. (…) Das Aussehen einer Person ist also eine erste Filterquelle im Prozess des Kennenlernens.“ [39]

In Millisekunden haben wir eine Wahl getroffen. In Millisekunden haben wir positive Gefühle, unangenehme Gefühle, Begeisterung oder Ablehnung gefiltert.

Hassebrauck spricht einige Seiten weiter noch einmal das Thema „Liebe auf den ersten Blick“ an:

„Die ‚Liebe auf den ersten Blick‘ wird schon in der Antike thematisiert. Die Metapher, nach der man von Amors oder Eros‘ Pfeil getroffen wird, drückt die Unvermittelbarkeit der Liebe sehr treffend aus. (...) Sind solche Beziehungen nun besser? Nein, sie sind schlechter. Holländische Wissenschaftler haben Beziehungen von Menschen, bei denen es nach eigenem Bekunden mindestens bei einem Partner Liebe auf den ersten Blick war, mit Beziehungen von Paaren verglichen, die sich allmählich lieben gelernt haben. Letztere sind insgesamt mit ihrer Beziehung zufriedener als die schon auf den ersten Blick Verliebten.“ [40]

Die Königsklasse der Verliebtheit

So nennt Michael Eichhammer, wie oben bereits erwähnt, die Liebe auf den ersten Blick:

„Die stärkste biologische Waffe, für die man keinen Waffenschein oder kein internationales Abkommen braucht. Sie trifft einen unerwartet wie ein Blitzschlag. (…) Die Liebe auf den ersten Blick beginnt damit, dass 127 Millionen Fotozellen, die dicht gedrängt auf zwei mal vier Quadratzentimetern Netzhaut liegen, aufsehenerregende Signale bekommen. Was folgt, ist ein Sabotageakt von Neurotransmittern, Hormonen und Pheromonen, der unseren Verstand entmachtet. (...) Akteur ist das, was der amerikanische Sozialpsychologe Timothy Wilson das ‚Adaptive Unbewusste' nennt."

Das „Adaptive Unbewusste" ist eine Speicherzentrale für alle Bilder und Erfahrungen, die wir gespeichert haben. Eichhammer nennt es auch unser „Bauchgefühl". Auch er ist der Meinung, dass die Liebe auf den ersten Blick verglichen werden kann mit zu lange in der Sonne liegen: Der Betroffene sieht nicht mehr die Schattenseiten des Anderen.

Zusammenfassung

Liebe auf den ersten Blick ist die Wiederbelebung von Eindrücken, Bildern und Erfahrungen, die in Kindheit und Jugend unbewusst gespeichert wurden und die unsere Partnerwahl mitbestimmen. Sie erinnern uns an Gesichter und Menschen mit besonderen Eigenschaften, die unsere spätere Liebe beeinflussen. Weil diese bevorzugten Liebesobjekte aber im Charakter, in vielen Lebenseinstellungen, Gewohnheiten und Ansichten nicht mit unseren Wünschen und Bedürfnissen übereinstimmen, kommt es oft zu Abbrüchen in der Beziehung.

AUSDRUCKSFORM NR. 12

Liebe ist Freundschaft

Einführung

Eine Ausdrucksform der Liebe ist Freundschaft. Freundschaft meint immer den ganzen Menschen, sein Personsein, seine Eigenschaften, seinen Charakter, seine Einmaligkeit. Freundschaft beinhaltet ein uneigennütziges Füreinanderdasein. Sie beinhaltet gegenseitige Hilfe, gegenseitigen Meinungsaustausch und das Teilen von Freizeit, Freud und Leid.

Freundschaft statt Kampf

Der amerikanische Professor Gottman, der den Bestseller „Die 7 Geheimnisse einer glücklichen Ehe“ geschrieben hat, betont an einer Stelle, und zwar dick unterstrichen: „Der entscheidende Faktor, inwieweit Ehefrauen mit dem Sex, der Liebe und der Leidenschaft in ihrer Ehe zufrieden sind, ist für 70 Prozent die Qualität der Freundschaft in ihrer Beziehung. Auch bei Männern ist für 70 Prozent die Qualität der Freundschaft entscheidend. (…) Im Zentrum meines Programms steht die einfache Wahrheit, dass glückliche Ehen auf eine tiefe Freundschaft gegründet sind. Damit meine ich gegenseitigen Respekt und Freude an der Gemeinschaft mit dem Anderen.“ [42]

Gottman geht davon aus, dass Freundschaft die „Flamme der Liebe am Brennen“ hält. Freundschaft unterstützt alle positiven Gedanken und Gefühle. Beide Partner entscheiden sich immer für eheerhaltende Lösungen. Die Wiederbelebung von Freundschaft bewahrt die beiden vor ernsthaften Konflikten. Paare, die die Freundschaft hochhalten und pflegen, starten immer wieder Rettungsversuche, um das Glück des Zusammenlebens zu garantieren.

Die Bedeutung der ehelichen Freundschaft

Ich sehe den Mann noch vor mir, der in einem kleinen Kreis vertraulich unter Freunden den Satz sagte: „Meine Frau ist meine beste Freundin!“ Einige nickten stumm, keiner widersprach. Jeder überprüfte wohl einen Augenblick das Verhältnis zu seiner Frau.
„Ist meine Frau auch meine Freundin?“
„Kann ich ihr alles anvertrauen, was mich bewegt?“
„Bin ich in der Lage, Freud und Leid mit ihr zu teilen?“
„Ist sie mir eine Ergänzung und ein Gegenüber, die ich nicht missen möchte?“

Was ist Freundschaft?

Der protestantische Theologe Emil Brunner hat sie so charakterisiert:
„Freundschaft ist nicht möglich ohne ein gewisses ästhetisches Verhältnis, ohne ein besonderes Wohlgefallen des Freundes am Freunde. Man kann nicht Freund

sein, wenn man nicht zum anderen sagen kann: Ich liebe dich, weil du so bist. Aber die Freundschaft wird sofort aus einem echt menschlichen und wohltätigen Element zu einem lebensfeindlichen und gemeinschaftsbedrohenden, ja sie wird in sich selbst vergiftet, wo es mit diesem Wohlgefallen sein Bewenden hat, wo dieses Ästhetische nicht umschlossen ist von der personhaften Verantwortlichkeit, die von allem Sosein unabhängig allein auf dem Dasein des anderen begründet ist. Auf diesem Personhaften beruht das, was der Freundschaft erst ihr Rückgrat gibt: die Treue und das völlig uneigennützige Füreinanderdasein." [43]

Ich hebe noch einmal einige Akzente hervor, die Brunner für charakteristisch hält:

- Freundschaft basiert auf äußerlichem Wohlgefallen. Der Andere wird geliebt, weil man ihn mag, so, wie er ist. Freundschaft meint aber auch den ganzen Menschen, sein Personsein, seine Eigenarten, sein Wesen, seinen Charakter, seine Einmaligkeit.
- Freundschaft meint gegenseitige Verantwortung. Zwei Menschen beantworten ihre Fragen und verantworten sich voreinander.
- Freundschaft meint auch Treue. Wer einen wirklichen Freund hat, der ist ihm treu und hintergeht ihn nicht.
- Freundschaft meint auch uneigennütziges Füreinanderdasein. Freundschaft beinhaltet gegenseitige Hilfe, gegenseitigen Meinungsaustausch, das Teilen von Freizeit und das Teilen von Freud und Leid.

Was uns ein Freund bedeutet

Als ich vor Jahren noch als Sexualpädagoge in die Schulen gerufen wurde, habe ich oft mit den Schülern und Schülerinnen den Stellenwert der Freundschaft erarbeitet. Ich habe die Klasse animiert, mir all die Eigenschaften zu nennen, die für eine wirkliche Freundschaft erforderlich sind. Zunächst haben wir die gleichgeschlechtliche Freundschaft angepeilt, erst im zweiten Arbeitsgang die gegengeschlechtliche. Als ich meine alten Aufzeichnungen durchsah und die Ergebnisse, die vor Jahren von den Schülern erstellt wurden, ergab sich folgendes Bild, das nur wenig von Schule zu Schule differierte.

1. Beide haben unbedingtes *Vertrauen* zueinander.
Vertrauen ist die Basis der Freundschaft. Ohne gegenseitiges Vertrauen keine wirkliche Freundschaft. Fehler, Schwächen und Enttäuschungen müssen die Freunde austauschen können.

2. Beide bringen *Verständnis* füreinander auf.
Freunde bejahen sich und nehmen die Probleme und Eigenarten des Anderen ernst. Eine Freundschaft hört auf zu bestehen, wenn dieses Verständnis füreinander nicht mehr gegeben ist.

3. Beide müssen sich *respektieren.*
Sie haben es nicht nötig, Machtkämpfe und Rivalität miteinander auszutragen. Beide respektieren sich, nehmen Rücksicht aufeinander und akzeptieren die unterschiedlichen Angewohnheiten. Beide respektieren die unterschiedlichen Bedürfnisse, die aber nicht zu extrem voneinander abweichen dürfen.

4. Beide haben gemeinsame Interessen und *Hobbys.*
Viele gleichgeschlechtliche Freundschaften basieren auf gemeinsamen Hobbys. Beide lieben eine Jugendgruppe, beide spielen Fußball, beide basteln Segelflugzeuge, beide betätigen sich im Angelklub. Gemeinsame Interessen und Ziele schweißen zusammen.

5. Beide *stehen* rückhaltlos *füreinander ein.*
Freunde gehen zusammen durch Dick und Dünn. Sie tragen Freud und Leid gemeinsam und verstehen es, sich zu trösten, zu stärken und zu unterstützen.

6. Beide können *Kompromisse* schließen.
Der Kompromiss meint die Übereinkunft und nicht eine „faule Lösung", wie er von misstrauischen Menschen gedeutet wird. Keiner will recht behalten; beide streiten sich selbstverständlich, aber sie finden eine praktikable Lösung für Meinungsverschiedenheiten.

7. Beide können *miteinander reden.*
Freunde können miteinander kommunizieren. Sie haben Gesprächsstoff, fallen sich nicht durch Langeweile auf die Nerven. Beide verstehen es, sich durch Gestik, Mimik, Worte und Signale zu verständigen und auszutauschen. Freunde können jederzeit etwas miteinander anfangen, auch wenn sie wochenlang Tag für Tag zusammen sind.

8. Beide ziehen sich auch *an.*
Mädchen wie Jungen haben mir immer wieder zu verstehen gegeben, dass Äußerlichkeiten und Charaktereigenarten die Freundschaft mitbestimmen. Jungen wie Mädchen identifizieren sich mit bestimmten Typen, die sie für attraktiv halten und die ihnen etwas bedeuten. Selbst bei gleichgeschlechtlichen Freundschaften spielen also unbewusste Vorlieben eine große Rolle.

Schülerinnen und Schüler waren übereinstimmend der Meinung, dass diese Eigenschaften auch in gegengeschlechtlichen Beziehungen eine wesentliche Rolle spielen. Ja, selbst für die Ehe wünschten sich die meisten diese Einstellungen. Ich hatte es leicht, auf dem Hintergrund dieser gemeinsamen Erarbeitung über Liebe und Ehe zu sprechen. Der Stellenwert vorehelicher Beziehungen, die Überbewertung des Sexuellen und die Vorliebe für äußerliche Attribute konnten nach solch eingehenden Gesprächen relativiert werden.

Jeder Mensch muss mein Freund sein

Das ist ein traumtänzerischer Anspruch. Selbstverständlich brauchen wir alle Anerkennung, suchen Bestätigung und erwarten Liebe. Aber es ist ein geradezu wahnwitziges Unternehmen, bei allen Menschen beliebt zu sein. Da habe ich einen 13-jährigen Jungen in der Beratung gehabt. Als ich ihn fragte: „Hast du einen Freund?", sagte er: „Ich habe viele, viele Freunde!"

Ich: „Meinst du, dass das wirklich deine Freunde sind?"

Er: „Ich glaube schon. Wir mögen uns. Sie mögen auch mich."

Ich: „Und zu welchem hast du ein inniges Vertrauensverhältnis?"

Er (zögert): „Wenn Sie so fragen, zu keinem. Dafür habe ich auch keine Zeit. Ich will keinen verlieren, und darum muss ich schon was tun."

Ich: „Und was tust du?"

Er: „Ich lade sie ein, bezahle ein Eis. Sie dürfen zu mir

kommen. Wir haben ein großes Haus und ein riesiges Grundstück. Da fühlen sie sich wohl."

Ich: „Du gibst also viel und opferst auch viel, dass sie dich mögen."

Er: „Stimmt."

Dieser Junge hatte seinen Eltern regelmäßig bestimmte Geldbeträge entwendet, um sich seine Freunde zu kaufen. Er brauchte sie. Er wollte anerkannt und geliebt werden. Grenzenlos ließ er sich ausnutzen und schenkte das Geld mit vollen Händen weiter. Der Junge fühlte sich minderwertig und hatte eine schlechte Meinung von sich. Er konnte sich nicht vorstellen, ohne nachzuhelfen, einen wirklichen Freund zu finden. Ständig verzichtete er auf eigene Wünsche und Bedürfnisse, nur, um seine Freunde nicht zu verlieren. Er war darauf angewiesen, geliebt zu werden. Zwanghaft war er von der Wertschätzung anderer abhängig. Pausenlos hatte er das Gefühl, in der Luft zu hängen, und angestrengt bemühte er sich, Zuwendung zu erhaschen. Seine Angst, in den Augen der Anderen an Wert zu verlieren, war grenzenlos.

Freundschaft ist etwas grundlegend anderes, als bei allen Menschen beliebt zu sein. Der amerikanische Therapeut A. Ellis hat vor Jahren eine Reihe „Irrationaler Ideen" verfasst, die psychische Störungen hervorrufen, aufrechterhalten und das Zusammenleben erschweren. Auch bringen sich solche Menschen selbst in große Schwierigkeiten. Sie jagen einem phantastischen Ziel nach, es kostet sie viel Zeit und Kraft, und sie leiden unter ihrem unstillbaren Verlangen, geliebt und gemocht zu werden. Ellis schreibt:

„Irrglaube Numero 1, die Meinung, es sei für jeden Erwachsenen absolut notwendig, von praktisch jeder anderen Person in seinem Umfeld geliebt und anerkannt zu werden. (...) Lieben, nicht Geliebtwerden, ist eine ausfüllende, kreative Möglichkeit der Selbstverwirklichung. Doch das verzweifelte Bedürfnis, geliebt zu werden, fördert die Liebesfähigkeit nicht, sondern hemmt sie. Statt seine Probleme in irrationaler Weise durch ständiges Buhlen um Liebe und Anerkennung lösen zu wollen, täte der rationale Mensch gut daran, sein Heil in kreativem Leben und Lieben zu suchen.“ [44]

Eine oberflächliche Kumpelschaft hat mit inniger Freundschaft, mit Vertrauen, mit Teilen von Freud und Leid nichts zu tun. Der verzweifelte Versuch, sich Freunde zu besorgen, endet oft in bitterer Enttäuschung. Wer liebt, rennt dem Anderen nicht sklavisch nach. Wer liebt, ist dem Anderen ein Freund, der ihm Vertrauen schenkt, Hilfe und Beistand anbietet. Er gibt und nimmt, er schenkt und wird beschenkt. Geben und Nehmen sind auch in der Freundschaft einigermaßen ausgeglichen. Als gleichwertige, sich selbst achtende Menschen stehen sich die beiden Freunde gegenüber.

Freundschaft kann man nicht erzwingen

Sie ist ein freiwilliger Zusammenschluss zweier Menschen. Das Gegenteil ist der Fall, wenn jemand den Anderen ständig mit Ermahnungen tyrannisiert:

„Du magst mich eben nicht richtig!“

„Wenn du ein wirklicher Freund wärst, würdest du mir das nicht antun.“

„Wäre ich dein Freund, wäre mir kein Opfer zu groß!“ Solche Sätze sind eindeutige Erpressungen. Der Andere wird zur Freundschaft verpflichtet und gewissensmäßig unter Druck gesetzt.

Der Bestseller-Autor Josef Kirchner hat in seinem Buch „Die Kunst, ein Egoist zu sein“ einige freche Sätze über unnüchterne Vorstellungen von Freundschaften geschrieben. Da heißt es: „Die völlig unrealistische Vorstellung von der edlen Freundschaft um der Freundschaft willen ist eine jener Illusionen, denen sich ungezählte Menschen in naiver Weise hingeben. (...) Ohne die Harmonie von Leistung und Gegenleistung können weder Liebe noch Freundschaft dauerhaft sein. Das ist der Maßstab, nach dem wir Liebe und Freundschaft messen sollten. ‚Was nützt mir die Freundschaft mit X.? Was investiere ich, und was investiert er?' Aufgrund solcher Überlegungen sollten Sie schließlich zu der Erkenntnis gelangen: Weniger Freunde, bei denen Geben und Nehmen in Harmonie sind, sind wichtiger als Freunde, deren Gegenleistung ich mir nicht sicher sein kann. Jede Freundschaft schafft von vorneherein die Verpflichtung, sich als Freund verhalten zu müssen.“

Freundschaft bedeutet in der Tat Geben und Nehmen. Und das ist zutiefst ein christliches Verhalten. Denn ich liebe den Anderen – wie mich selbst. „Freundschaft ist eine gegenseitige Bedürfnisbefriedigung“, schrieb der Philosoph Heidegger. Das klingt nicht sehr prosaisch, ist aber realistisch eingeschätzt. Freundschaft auf gleichgeschlechtlicher Ebene ist ein Interessenausgleich, der beide Teile befriedigt und beglückt. Beide stehen sich gleichwertig und sich selbst achtend gegenüber. Sie respektieren sich und üben keinen Druck aus. Denn Freundschaft kann nicht erzwungen werden. Der Freund kann freiwillig Opfer für den Anderen bringen, aber er lässt sich nicht erpressen.

Freundschaft dient der Einübung von Gemeinschaftsgefühl

Gemeinschaftsgefühl ist der Grundpfeiler menschlichen Zusammenlebens. Es ist auch der Grundpfeiler für Liebe und Liebesfähigkeit. Wer Gemeinschaftsgefühl nicht trainiert hat, wird in der Freundschaft, in der Partnerschaft und in der Mitmenschlichkeit Schwierigkeiten haben. Gemeinschaftsgefühl ist nach Meinung der Individualpsychologen der Schlüssel für gesundes und krankes Seelenleben. Als soziales Wesen braucht der Mensch die Gemeinschaft und wäre in der Vergangenheit verkümmert, hätte er sich nicht mit anderen Menschen zusammenschließen können. Alle Kulturerrungenschaften sind auf dem Boden des Gemeinschaftsdenkens entstanden.

Wir haben gesehen, dass ein wesentliches Element der Liebe die Freundschaft ist. Und Freundschaft ist ohne funktionierendes Gemeinschaftsgefühl nicht möglich. Damit nun der heranwachsende Mensch liebesfähig wird, kann er in gleichgeschlechtlichen Freundschaften Gemeinschaftsgefühl und Partnerschaftsfähigkeit trainieren. Alfred Adler hat der gleichgeschlechtlichen Freundschaft unter Kindern und Jugendlichen einen hohen Stellenwert beigemessen. Dazu schreibt er:

„Eine Möglichkeit, Gemeinschaftsgefühl einzuüben, ist die Freundschaft. In einer Freundschaft lernen wir, mit den Augen eines anderen Menschen zu sehen, mit anderen Ohren zu hören und mit einem anderen Herzen zu fühlen. Wenn ein Kind zu kurz gehalten ist, wenn es immer bewacht und beaufsichtigt wird, wenn es von anderen Menschen abgeschnitten, ohne Freunde und Kameraden aufwächst, entwickelt es nicht die Fähigkeit, sich in den anderen zu versetzen. Es hält sich selbst für das wichtigste Wesen der Welt und ist nur immer darauf bedacht, sein eigenes Wohl zu sichern. Einübung in Freundschaft gehört zu den Vorbereitungen auf die Ehe."[46]

In der Eheberatung frage ich regelmäßig nach gleichgeschlechtlichen Freundschaften in der Kindheit. Sehr oft bestätigen mir Frauen und Männer, dass sie niemals eine wirkliche Freundschaft zu einem Jungen oder einem Mädchen erlebt hätten. Dieser Mangel an Freundschaftsfähigkeit ist ein sicheres Indiz für mangelnde Liebes- und Partnerschaftsfähigkeit. In der kindlichen Freundschaft werden all die Eigenschaften trainiert, die wir in dem Abschnitt „Was bedeutet mir ein Freund?" zusammengetragen haben.

Adler hat recht: In der Freundschaft lernen wir, mit den Augen des Anderen zu sehen, mit den Ohren des Anderen zu hören und mit dem Herzen des Anderen zu fühlen. Dieses Aufeinanderhören fördert unsere Sensibilität, den Anderen zu akzeptieren und seine Eigenart nicht zu verteufeln. Gelebte Freundschaft baut falschen Egoismus ab, vermindert die Rechthaberei und fördert das Verständnis füreinander. Freundschaft ist darum ein notwendiger Schritt, das lebensnotwendige Gemeinschaftsgefühl zu etablieren.

Zusammenfassung

Freundschaft und Freundschaftsfähigkeit sind die Basis für eine gute Liebesbeziehung. Freundschaft in der Paarbeziehung ist der Kitt, der Konflikte und Auseinandersetzungen überwindet. Wer im Partner seinen Freund bzw. seine Freundin erkennt, schenkt Vertrauen, darf laut denken und kann sich in jeder Lage auf den Anderen verlassen. Er kann Ängste, Ärger, Eifersucht und Versagen äußern, ohne sich entschuldigen und verteidigen zu müssen. Freundschaft ist eine wesentliche Ausdrucksform der echten Liebe und drückt eine Loyalitätspflicht gegenüber dem Partner aus. Freundschaft beruht auf Sympathie und auf Gegenseitigkeit.

AUSDRUCKSFORM NR. 13

Liebe ist Vertrauen

Kurzinformation

Liebe ohne Vertrauen ist wie ein Auto ohne Motor. Vertrauen heißt: Ich kann mich auf den Anderen verlassen. Ich kann dem Anderen trauen. Ich wage mich, restlos zu öffnen. Ich traue ihm über den Weg. Ich kann mich ihm anvertrauen.
Vertrauen weckt Hingabe, sexuelle Offenheit, Fürsorge und Verbindlichkeit.

Vertrauen und Misstrauen

Es gibt zwei grundlegende Gruppen von Verhaltensformen, die das menschliche Zusammenleben bestimmen. Vier konstruktive Eigenschaften bilden die Grundlagen aller Kooperation, vier gegensätzliche Haltungen sind Ursachen von Konflikten und Reibungen. Die sich gegenüberstehenden Verhaltensmuster sind:

- Gemeinschaftsgefühl und Feindseligkeit
- Vertrauen zu Menschen und Misstrauen
- Empfinden der Gleichwertigkeit und Minderwertigkeitsgefühl
- Mut und Angst.

Eine reife und ausgewogene Liebe beinhaltet ein gut entwickeltes Gemeinschaftsgefühl, sie lebt Vertrauen zum Mitmenschen, empfindet Gleichwertigkeit und zeigt Mut. Eine mangelhafte Liebe ist gekennzeichnet durch Gefühle der Feindseligkeit, sie spiegelt Misstrauen wider, ist zerfressen von Minderwertigkeitsgefühlen und von Angst.

Im Grunde verdeutlichen die vier destruktiven Beziehungsmuster, dass die Liebe zerstört und der Partner liebesunfähig ist.

Eine Ausdrucksform der Liebe, die notwendig das Gesamtkonzept Liebe abrundet, ist Vertrauen. Wie hoch der Psychotherapeut Rudolf Dreikurs dieses wichtige Lebenselement bewertet, wird in den folgenden Zeilen deutlich:

„Zugehörigkeitsgefühl setzt also das Vertrauen in andere voraus, die wir als Mitmenschen sehen, als Menschen, die wie wir dem Gemeinwohl dienen. Wenn wir kein Vertrauen zum Menschen haben, zerstört unser Argwohn das Band unserer gemeinsamen Interessen. Unser Misstrauen ist zum großen Teil nicht einer Kollision des Gewinnstrebens zuzuschreiben, sondern der Überbewertung unseres Status. Nur wenn wir unsere Stellung als einer gleichwertigen sicher sind, können wir unseres ‚Bruders Hüter' sein." [47]

Wer Vertrauen hat, begegnet dem Partner als Gleichwertiger. Wer ihm als Gleichwertiger begegnet, produziert keine Ängste und Unterlegenheitsgefühle. Wer aber von solchen Gefühlen zerfressen wird, kann nicht umhin, eine positive Liebesbeziehung zu zerstören.

Bedeutung des Vertrauens

Wenn wir ein etymologisches Wörterbuch befragen, was das Wort Vertrauen aussagt, entdecken wir, dass es abgeleitet ist von trauen.

- Ich kann dem Anderen *trauen,*
- ich kann mich auf den Anderen *verlassen,*
- ich wage es, mich ihm zu *öffnen.*

Negativ formuliert:

- Ich kann dem Anderen *nicht* trauen,
- ich *traue* seinen schönen Augen nicht,
- ich *traue* ihm nicht über den Weg,
- ich kann mich ihm nicht *anvertrauen.*

Das Verbum trauen wird auch für *anvertrauen* gebraucht. In der Trauung, in der Eheschließung, lassen sich zwei Menschen trauen. Weil ich einem Ding nicht personhaft begegnen kann, kann man nur einer Person vertrauen. Im Glauben spielt das *Trauen auf Gott* eine große Rolle. Der Liederdichter Paul Gerhardt konnte den Liedvers dichten:

> „Dem Herren musst du trauen,
> wenn dir's soll wohl ergehen,
> auf sein Werk musst du schauen,
> wenn dein Werk soll bestehen.
> Mit Sorgen und mit Grämen
> und mit selbsteigner Pein
> lässt Gott sich gar nichts nehmen,
> es muss erbeten sein."

Fassen wir die Wortbedeutung zusammen und fragen wir, was sie für die Liebe aussagt: Wer vertraut, traut dem Partner. Er kann sich nicht vorstellen, dass er Böses im Schilde führt. Der Vertrauende liefert sich aus, und zwar mit Haut und Haaren, mit Herz und Hirn. Er erwartet Gutes und fühlt sich angenommen und aufgehoben. Wer sich so vertrauend ausliefern kann, wer seine Hingabe nicht ängstlich infrage stellt, wird körperlich-sexuell Harmonie erfahren. Denn Angst, Misstrauen und Minderwertigkeitsgefühle sind die Hauptstörenfriede für seelische und körperliche Übereinstimmung.

Der Schweizer Therapeut und Arzt Paul Tournier schrieb über das Misstrauen und über die böse Unterstellung von Menschen: „Wenn ein Partner dem anderen misstraut, ihm Böses unterstellt und Hinterhältiges annimmt, handelt es sich um die Sünde." Ganz davon abgesehen, dass wir uns mit bösen Unterstellungen selbst schaden.

Vertrauen mit Einschränkungen

In der Eheberatung begegnen mir immer wieder Menschen, die ihrem Partner nicht vertrauen können. Genauer muss ich sagen: nicht vertrauen wollen. Sie stellen Bedingungen. Sie machen ihr Vertrauen von Einschränkungen abhängig.

„Ich vertraue dir nur, wenn du das Rauchen einstellst."

„Ich vertraue dir nur, wenn du die Schlamperei aufgibst."

„Ich vertraue dir nur, wenn du mir zeigst, dass du meine Wünsche respektierst."

Die Liebe wird zu einem Handel, wenn Bedingungen gestellt werden. Der Partner macht sein geschenktes Vertrauen von Erpressungen abhängig. Unter diesen Voraussetzungen verwandelt sich Vertrauen in eine Demütigung. Der Andere wird unter Druck gesetzt. Er soll sich den Wünschen und Vorstellungen seines Partners beugen. Vertrauen mit Bedingungen ist wie ein rundes Viereck.

Vertrauen ist grenzenlos,
Vertrauen kennt keine Einschränkungen,
Vertrauen kennt keine Bedingungen,
Vertrauen ist ein Wagnis und ein Vorschussangebot.

Das gilt für alle menschlichen Beziehungen: Vorschussvertrauen ist nötig. Dieses selbstverständliche Vertrauen ist aber nicht dasselbe wie ein rosaroter Optimismus oder gar jene Traumhaltung, die sich Luftschlösser erbaut und eines Tages darin zu wohnen hofft. Was helfen könnte, wäre die rechtzeitige Gewöhnung an die Realität, die liebevolle, aber zugleich nüchterne Einschätzung des Partners mit Vorzügen und Fehlern, aber auch die Selbsteinschätzung, die einen vor Vollkommenheitswahn schützt. Eine Idealisierung der Verhältnisse hat selten gutgetan; was nottut, ist eine realistische Unterrichtung. Nicht Vertrauen mit Einschränkungen kennzeichnet den Weg der Liebe, sondern Vorschussvertrauen. Es bedeutet:

- Ich liebe dich mit Fehlern und Schwächen,
- ich bejahe deine Eigenarten und Mängel,
- ich akzeptiere dich – wie du bist,
- ich vertraue dir und gebe mich hin – trotz kleiner Unvollkommenheiten.

Liebe vertraut und verzeiht

Unter dieser Überschrift schreibt Ursula Nuber, Psychologin und stellvertretende Chefredakteurin von „Psychologie heute“, in ihrem Buch über Liebe:

„Vertrauen schließt Zweifel aus. Wenn man einem anderen Menschen wirklich vertraut, glaubt man ihm, was er sagt, und verlässt sich auf ihn. Man blickt mit Zuversicht und einem sicheren Gefühl in die gemeinsame Zukunft. Vertrauen ist eins der wichtigsten Grundelemente aller Beziehungen. Leider ist Vertrauen keine leichte Angelegenheit. (...) Wie entsteht Vertrauen? Drei Bedingungen müssen erfüllt sein: Vorhersagbarkeit, Verlässlichkeit und der Glaube an den Anderen.“ [48]

Was versteht sie unter *Vorhersagbarkeit?*
Der Partner muss *berechenbar* sein.
Unbeständige Menschen sind nicht vertrauenswürdig.

Was versteht sie unter *Verlässlichkeit?*
Die Partner können auf den Anderen zählen.
Keiner lässt den Anderen im Stich.

Was versteht sie unter dem *Glauben an den Anderen?*
Jeder ist sicher, dass der Andere ihn nicht verrät, sich von ihm nicht abwendet.
Er vertraut ihm, dass die Liebe dauern wird.

Es ist schon so: Eine Beziehung ohne Vertrauen ist eine schwierige Beziehung. Zweifel, Eifersucht, Misstrauen und ständige Auseinandersetzungen sind an der Tagesordnung.

Liebe verlangt Offenheit

Wer Vertrauen wagt, *offenbart* sich dem Anderen. Wer kein Vertrauen wagt, versteckt sich vor dem Anderen. Er hat Angst, dass Schwächen ans Tageslicht kommen können,

- dass der Partner seine Offenheit ausnutzt,
- dass er sich damit dem liebsten Menschen zu sehr ausliefert,
- dass er sich selbst schädigt und seinen Wert untergräbt.

Er will also das Heft in der Hand behalten, will herrschen und überlegen sein. Dann darf er keine Schwäche zu erkennen geben, keine Blößen offenbaren. Ehe ist aber kein Konkurrenzunternehmen, wo einer dem Anderen Niederlagen beibringen und über den Anderen triumphieren will. Wer keine Offenheit wagt, wer sich dem Partner nicht ausliefert, liegt mit ihm im Kampf. Rivalität ist vermutlich ein Schwerpunkt der Beziehung. Jeder schützt sich vor dem Anderen. Jeder liegt auf der Lauer und verdeckt sorgfältig die Angriffsflächen.

Nein, das ist keine Liebe. Liebe verlangt Offenheit und Ehrlichkeit. Da gibt es unter Christen die falsch verstandene Demut, zu schweigen und das Gefühl des Ärgers hinunterzuschlucken. Besonders Christen verhalten sich verkrampft und heuchlerisch. Sie gehen schweigend den unteren Weg. Aggressionen werden hinuntergeschluckt und bringen den Magen, den Darm und den ganzen Unterleib in Unordnung. Falsch verstandene Demut, falsch verstandene Selbstbeherrschung, das Unterdrücken von

Gefühlen und das Schweigen an falscher Stelle sind Botschaften, die den Sinn der Ehe verfehlen und die Liebe empfindlich stören. Die totale Lebensgemeinschaft verlangt totale Offenheit und uneingeschränktes Vertrauen zueinander. Falsche Rücksicht, falsche Nachsicht, falsche Demut, falsches Schweigen und falsches Dulden – um des lieben Friedens willen – verhindern den Frieden, untergraben die Partnerschaft und zerstören die Liebe.

Und ein letzter Gedanke zum Thema Vertrauen: Haben wir schon einmal darüber nachgedacht, dass Offenheit, Vertrauen und Nacktsein etwas gemeinsam haben? Es gibt einen Bibelvers, der diesen Zusammenhang aufleuchten lässt.

In Exodus 2,25 heißt es: „Sie waren beide nackt, der Mann und seine Frau, und sie schämten sich nicht."

- Wer dem Anderen vertraut, schämt sich nicht,
- wer sich dem Anderen ganz öffnet, schämt sich nicht,
- wer sich innerlich und äußerlich vor dem Anderen entblößen kann, schämt sich nicht,
- wer vor dem Anderen ohne Maske dastehen kann, schämt sich nicht.

Die beiden Menschen im Paradies hatten keine Geheimnisse voreinander. Sie brauchten sich nicht voreinander zu verstecken. Beide konnten sich zeigen, wie sie waren. Zwei Menschen, die dieses Vertrauen zueinander haben, die ehrlich und offen sich preisgeben – und zwar in Gedanken, Worten und in der Phantasie –, die können ein Fleisch werden. Ein solches Paar schenkt sich Liebe in reifer Form. Das Vertrauen wird belohnt.

Je mehr wir über den Anderen und seine innere Welt wissen, desto solider und erfüllender wird die Partnerschaft sein.

Welche Selbstoffenbarungen helfen, Vertrauen zu stärken?

Welcher Austausch von Fragen stärkt die innere Verbundenheit?

- Welche Rolle spielt Stolz in Ihrem Leben?
- Wollen Sie gelobt werden?
- Welche besondere Zuneigung haben Ihnen Ihre Eltern gezollt?
- Welche Rolle spielt sie in Ihrer Partnerschaft?
- Welche Traumata haben Sie erlebt?
- Welche bleibenden Folgen sind für Sie erkennbar?
- Wie haben Sie Trauer überwunden?
- Wie haben Sie sich selbst wieder belebt?
- Wie wurden in Ihrer Familie Wut, Traurigkeit, Angst und Interesse füreinander ausgedrückt?
- Mit welchem emotionalen Problem musste Ihre Familie fertig werden?
- Wie denken Sie darüber, wie man Gefühle wie Trauer, Angst, Zuneigung und Wut ausdrücken sollte?

Sie stehen auf dem Friedhof und schauen sich Ihren eigenen Grabstein an.

- Was würden Sie sich wünschen, was daraufsteht?
- Schreiben Sie Ihren Nachruf! Was sollten die Menschen von Ihnen in Erinnerung behalten?

- Welche entscheidenden Ziele möchten Sie gern noch erreichen?
- Welche Träume haben Sie sich nicht gegönnt?
- Was möchten Sie noch an sich verändern?

Zusammenfassung

Vertrauen ist eine wesentliche Ausdrucksform der Liebe. Ohne Vertrauen keine wirkliche Liebe. Vertrauen ist der Grundstein einer tragfähigen Partnerschaft.

Vertrauen überwindet Zweifel, Misstrauen, Ängste und Konflikte. Der Verlust des Vertrauens ist das Ende der Liebe, das Ende gelebter Partnerschaft. Die Belohnung des Vertrauens sind Friede, Innigkeit, Geborgenheit und sexuelle Erfüllung.

AUSDRUCKSFORM NR. 14

Liebe ist genitale Sexualität

Einführung

Eine wesentliche Ausdrucksform der Liebe ist die genitale Sexualität, sind die körperlich-sexuellen Beziehungen zwischen Mann und Frau. Sexualität meint im internationalen Sprachgebrauch: die Geschlechtlichkeit, abgeleitet von dem Wort sexus = das Geschlecht. Es meint nicht in erster Linie die Genitalität, aber sie gehört mit dazu. Erst wenn die seelischen Voraussetzungen gut sind, wenn Geborgenheit, Vertrauen, Treue, Freundschaft und innige Verbundenheit das Paar bestimmen, bleiben die genitale Sexualität und die körperlich-sexuellen Beziehungen lange im partnerschaftlichen Zusammenleben aktiv.

Genitale Sexualität

Professor Revenstorf schreibt zu diesem Thema:

„Von biologisch orientierten Autoren wird Liebe häufig auf den animalischen Sexualtrieb reduziert. (...) Die menschliche Sexualität unterscheidet sich von der tierischen durch die ‚Dauerbrunft'. Sexualität in der begrenzten genitalen Form ist als Onanie, ‚Quicky', ‚One-Night-Stand', Prostitution, Sextourismus usw. geläufig. (...) Gemeinsam ist beiden Geschlechtern, dass das sexuelle Verlangen durch die Produktion des Sexualhormons Testosteron beeinflusst wird. Diese wird beim Mann visuell stimuliert; bei der Frau ist sie beim Eisprung erhöht, aber selbst nach einer Entfernung der Eierstöcke kann sie durch Substitution bis ins hohe Alter aufrechterhalten werden.“ [49]

Nach Revenstorf haben Männer wie Frauen männliche und weibliche Anteile.

Es kann sein, dass Männer mehr weibliche Anteile einbringen, Frauen mehr männliche Anteile.

Eindeutig erleben Männer den Geschlechtsverkehr hauptsächlich als Befreiung: Befreiung von Spannung und Einschränkung. Deshalb tendieren Männer dazu, unmittelbar nach dem Orgasmus einzuschlafen. Die weibliche Energie dagegen strebt mehr nach Fülle an Gefühlen und Inhalten.

Noch einmal Dirk Revenstorf:

„Genitale und erotische Sexualität sind Formen der körperlichen Begegnung, die alle fünf Sinne stark ansprechen. Sie sind ohne Liebesbeziehung erlebbar, setzen also keine Bindung an die andere Person voraus.“ [50]

Deutlich wird:

- Wenn die genitale Sexualität ohne innere Bindung, ohne wirkliche Liebe, ohne gegenseitige Verpflichtung gelebt wird, kann man von animalischer Sexualität sprechen.
- Bewusst wurde dieser wichtige Teil der Liebe weit nach hinten gesetzt. Nicht weil er unwichtig ist, sondern weil er ohne die genannten anderen Ausdrucksformen in erster Linie zur Triebabfuhr dient.

Verlorene Lust

Die Psychologin Ursula Nuber hat in ihrem Buch „Was Paare wissen müssen" ein Kapitel überschrieben mit ‚Verlorene Lust'. Wörtlich formuliert sie:

„Sexuelle Unzufriedenheit ist die häufigste Ursache für einen Seitensprung. Untreue wiederum die häufigste Ursache für Trennung. Eine gute, befriedigende Sexualität ist also ein wichtiges Element in einer Beziehung und ein wesentlicher Garant für ihr Bestehen. (...) Die meisten erwarten, dass die Begierde und Leidenschaft des Anfangs auch über die Zeit hinweg erhalten bleiben. Doch die Realität sieht anders aus. Psychotherapeuten und Sexualberater berichten übereinstimmend: ‚Wir sehen immer mehr Lustlose.'" [51]

Was wird gespielt?

- Der Hamburger Sexualforscher Gunter Schmidt behauptet, es handele sich nicht in erster Linie um organische Probleme, um Erektionsstörungen oder Orgasmusschwierigkeiten;
- nach fünf Jahren Ehe hat sich die sexuelle Aktivität – gemeint ist also der Geschlechtsverkehr – etwa um die Hälfte reduziert;
- der Stress des Tages lässt nicht mehr Raum für begehrliche Gefühle;
- den Frauen „fehlen Zärtlichkeit, Gedankenaustausch, Nähe und Anerkennung – für sie die wichtigsten Voraussetzungen für erfüllende Sexualität". [52]

Der letzte Gedanke gibt den Ausschlag. Als Eheberater kann ich das nur bestätigen.

Körperlich-sexuelle Beziehungen und Bindungserfahrungen

Die Londoner Psychoanalytikerin Kate White kennzeichnet diesen Zusammenhang so:

„Meiner klinischen Erfahrung zufolge geht es beim Sex weniger um Trieb als um *Beziehung*. Für viele Menschen ist Liebe ja ein viel gefährlicheres Gefühl als Hass und Neid. Denn man riskiert so viel mehr dabei: Zärtliche Gefühle zu zeigen macht einen Menschen viel verwundbarer als Hassgefühle. (...) Intime sexuelle Beziehungen bringen uns dazu, sehr intensiv durch unseren Körper zu fühlen. Die sinnlichen Berührungen, die wir in einer sexuellen Beziehung verspüren, führen uns aber häufig unbewusst zurück in die Zeit unserer frühesten Kindheit. Denn in unseren ersten Beziehungen, als Säuglinge, werden wir gehalten, gestreichelt, gefüttert, gewindelt, gebadet, gekleidet und so weiter. Bereits diese ersten körperlichen Beziehungen sind offen für alle möglichen Störungen und Verzerrungen – und prägen unsere zukünftigen Körperempfindungen.“ [53]

Was heißt das?

- Jede Körpererfahrung im sexuellen Bereich ist bei allen Menschen verschieden, weil jeder seine speziellen Körpererfahrungen in die Partnerschaft mitbringt.
- Wer körperliche Sexualität als bedrohlich oder unangenehm erlebt, hat wahrscheinlich negative frühkindliche Körpererfahrungen gemacht.
- Auch instabile Beziehungen zu Eltern oder Pflegepersonen übertragen sich auf unsere körperlich-sexuellen Beziehungen.

- Erlebnisse aus der Kindheit: Bin ich liebenswert? Werde ich wieder abgelehnt? Darf ich das Risiko einer Beziehung eingehen?
- „Sicher gebundene Menschen“ – wie der Fachausdruck für selbstbewusste, selbstvertrauende und Geborgenheit erlebt habende Menschen lautet – gehen freier, unängstlicher und zuversichtlicher in intime Beziehungen hinein.

Was beinhaltet Intimität?

Schauen wir im Lexikon nach, dann steht da: *intim:* vertraut, innig, eng, verbunden, vertraulich, das Geschlechtsleben betreffend.

Zur Intimität gehört echte Anteilnahme. Dem anderen ganz nahe sein. Zur Intimität gehört ein Gefühl der Nähe.

Wir sprechen auch von intimer Atmosphäre. Hier sind wieder Vertrautheit, Gemütlichkeit, Innigkeit und ein Wohlgefühl.

Auch die Beziehung zu Gott ist eine Intimbeziehung. Sie beinhaltet äußerste Vertrautheit. Das Gebet ist das Intimste zwischen Gott und den Menschen. Hier sind wieder Innigkeit, Vertrautheit und Nähe.

Intimität kann aufgebaut werden

- durch eine liebevolle und enge Beziehung in der Kindheit;
- durch Geborgenheit, indem den Kindern Ängste genommen werden;
- durch Angebote des Vertrauens, sich über alles aussprechen zu können.

Wer Intimität gelernt hat, wer Vertrauen getankt hat, wird auch später offener. Er lernt, sich in der Partnerschaft mehr gehen zu lassen. Er verrät mehr von sich. Er lässt Nähe zu. Er meidet Herabsetzungen, harte Kritik und Distanz.

Merke:

Die *körperlich-sexuelle Intimität* funktioniert reibungsloser, zufrieden stellender und beglückender, weil die Grundlagen wahrer Intimität vorhanden sind.

Sexualität wird benutzt

Glaubt ein Junge in der Pubertät beispielsweise, er würde nur ankommen, wenn er sich stark sexuell produziere, verlegt er alle Initiativen und Aktivitäten in sexuelle Beziehungen. Unwillkürlich steigert er sein Verlangen. Denn er redet sich ja ein, dass er nur auf diesem Weg beim anderen Geschlecht und überhaupt Geltung erlangen könne. Seine irrigen Ziele verstärken das Sexualverlangen. Eine falsche Meinung von sich steigert seine sexuellen Wünsche.

Deutlich wird: Die Frage der sexuellen Beziehung ist eine Frage des Menschenbildes.

Das Beispiel mit dem Jungen macht bereits deutlich, dass der Mensch selbst auf seine sexuellen Begierden erheblich Einfluss nehmen kann. Und zwar bewusst und unbewusst. Er kann sie senken, er kann sie verstärken.

In unserer Erziehung lernen wir, welchen Stellenwert wir der Sexualität beimessen. Der Jugendliche zieht Schlüsse und entwickelt seinen eigenen, ihm gemäßen Lebensstil.

In diesem Lebensstil sind enthalten,

- wie er die Sexualität überhaupt einschätzt, ob sie ihm wichtig oder unwichtig, bedrohlich oder angenehm erscheint;
- wie er Jungen oder Mädchen einschätzt, ob sie ihm viel bedeuten, wenig bedeuten, ob er ohne sie leben kann, ob er sich ohne sie einsam und verlassen vorkommt;
- ob er Gespräche, seelische Beziehungen, Austausch von Gefühlen und Gedanken höher einschätzt als körperliche Beziehungen;
- wie er auf den Anderen wirkt. Das hübsche Mädchen mit den betont weiblichen Formen entdeckt, dass Jungen besonders die Figur bevorzugen, das Äußerliche, die sekundären Geschlechtsmerkmale;
- dass ein Jugendlicher die gegenteilige Erfahrung macht, dass nämlich die gegengeschlechtlichen Partner (Freunde und Freundinnen) die körperliche Überlegenheit, den Charme, die Intelligenz, das Mütterliche, das Verantwortliche, das Liebenswürdige und vieles andere mehr lieben.

Jeder Mensch erfährt vor diesem Hintergrund eine andere Einstellung zur Sexualität. Er schätzt sie anders ein. Er benutzt sie anders. Sexualität kann in der Tat benutzt und gezielt eingesetzt werden

- als Fangseil, um jemanden zu fesseln und an sich zu binden,
- als Waffe, um jemanden zu quälen und zu demütigen,
- als Werkzeug, um jemanden hörig zu machen, um auf diesem Weg mit jemandem zu kommunizieren.

- als Radiergummi, um Streit zu schlichten, um sich wieder zu versöhnen und tiefer liegende Probleme zu verstecken.

Die Eheberatung kann viele Beispiele dafür erbringen, wie Menschen Sexualität als Mittel zum Zweck benutzen. Der Mensch handelt so, als ob er nur auf diesem Weg zum Erfolg käme.

Die Charakterisierung der Sexualität hat deutlich gemacht, dass sie bei jedem Menschen eine andere Einschätzung erfährt. Für den einen ist sie das A und O, für den anderen das Tüpfelchen auf dem i, für den Dritten eine angenehme Begleitmusik. Elternhaus und Erziehung beeinflussen die Einschätzung entscheidend. Von Bindungserfahrung war schon die Rede.

Kinder, die sich selbst überlassen bleiben, die der Langeweile frönen, stehen in der Gefahr, Sexualität als Zeitvertreib zu benutzen. Es fehlen Ziele und geistige Interessen, es fehlen geistige Anregungen. Besonders Jugendliche, die planlos und ziellos in Grüppchen zusammenstehen, deren körperliche Kräfte unausgenutzt sind, stürzen sich auf sexuelle Kontakte – aus Langeweile. Sie sind nicht angeleitet worden, sinnvolle Arbeit zu leisten, die ihnen Glück und Zufriedenheit beschert hätte. Frustriert stürzen sie sich auf sexuelle Genüsse und wollen ausleben, was ihnen vorenthalten wurde. Wer die Sexualität zum Mittelpunkt seines Denkens, Fühlens und Wollens macht, demonstriert, dass er in ihr den Sinn seines Lebens sieht. Die Sexualität gehört darum zu den Göttern, die auf viele Menschen eine große Faszination ausüben.

„Sexualität – das letzte Abenteuer der Gesellschaft“, so jedenfalls hat der amerikanische Soziologe David Riesmann die Sexualität eingestuft. Ja, es stimmt, die Sexualität kann missbraucht, pervertiert und schamlos zweckentfremdet werden. Die Massenmedien sind ein beredtes Zeugnis dafür. Der Sex wird als Blickfang und als Enthüllung benutzt. Auf Titelseiten und im Internet finden wir nackte Haut, die in Glanzpapier, in Glanz- oder Porträtfotos zur Schau gestellt wird. Die öffentliche Propaganda der Sexualität kann auf starke Resonanz im Privatleben rechnen. Für die Konsumgewinnung sind Männlichkeit und Weiblichkeit die bevorzugten Themen. Sie sind zu Symbolen des Lebensgenusses geworden. Die Überflussgesellschaft produziert auch den Sex im Überfluss.

Wenn Jugendliche Liebe mit Geschlechtsverkehr verwechseln

Das körperlich-sexuelle Zusammenspiel zweier Menschen ist der krönende Abschluss einer partnerschaftlichen Beziehung, aber nicht der Anfang. Körperliche Harmonie ist ein wichtiger Baustein, aber nicht das A und O der Liebe. Besonders Pubertierende und junge Menschen neigen zu falschen Vorstellungen. Je jünger sie sind, desto drängender stimulieren lange Haare, Hinterteil, Brust und Beine bei der Frau, Körperbau, Muskulatur und maskuline Ausstrahlung bei jungen Männern die gegenseitige Anziehung. Denken, Fühlen und Phantasie werden durch geheimnisvolle Drüsenabläufe im Innern angekurbelt.

Nach unserem Modell der Liebe gewinnen Teilaspekte die Oberhand. Die „chemische Liebe" triumphiert. Der klare und nüchterne Blick ist vernebelt. Die Verliebtheit, die sich über Nacht mit dem Sex-Appeal verbündet, sorgt dafür, dass leidenschaftliche Gefühle und starke Begierden das sogenannte Liebesklima bestimmen. Wir sprechen von Sex-Appeal, ein Ausdruck, der die sexuelle Anziehung der Geschlechter bezeichnet. Nicht die Liebe im umfassenden Sinne bestimmt die Anziehung, sondern die Reaktion der Drüsen fordert ihren Tribut. Es ist selbstverständlich falsch, den chemischen Antrieb der Liebe zu disqualifizieren. Er gehört unwiderruflich zum Kanon der Liebe hinzu. Aber im Jugendalter kann er den normalen Rahmen sprengen und sich unvorteilhaft verselbständigen.
Der Jugendliche verwechselt dann

- körperliches Begehren mit Liebe,
- Leidenschaft mit Liebe,
- Trieberfüllung mit Liebe,
- Geschlechtsverkehr mit Liebe.

Er spricht von Liebe und berauscht sich an ihrer Figur,
er spricht von Liebe und meint ihren Busen,
er spricht von Liebe und starrt ihre Hüften an,
er spricht von Liebe und ist von ihren langen Haaren beeindruckt.

Alle diese Dinge gehören auch dazu, sie sind ein Instrument im Klangkörper des Orchesters Liebe. Viele Jugendliche geben sich einer großen Täuschung hin. Sie glauben, wenn das Sexuelle stimmt, stimmt die Liebe. Jungen und Mädchen gehen von der irrigen Meinung aus, Orgasmusfähigkeit sei die Grundlage einer soliden Beziehung. Sie können sich nicht vorstellen, dass sexuelle Harmonie nach ein bis zwei Jahren Ehe nach und nach ausbleibt. Viele möchten die Institution Ehe dafür verantwortlich machen.

Ehe sei eine Zwangsanstalt,
Ehe sei eine Isolation für zwei,
Ehe töte die innige und körperliche Liebe,
Ehe verlange innere Freiheit,
Ehe sei Werkzeug der Männer zur Unterdrückung der Frauen,
Ehe sei der Inbegriff der Konfliktträchtigkeit.

Nicht die beiden Menschen sind für ihr gemeinsames (Un-)Glück verantwortlich, sondern die Institution Ehe als Inbegriff für Hölle trägt die Schuld.

Kommen wir zurück auf sexuelle Disharmonien, wie sie uns in der Eheberatung geläufig sind. Zwei Menschen sind glücklich und sexuell aufeinander abgestimmt in die Ehe gegangen. Nach einem Jahr sitzen sie in der Beratung. Warum ist das so? Der Orgasmus ist eine Sache des Kopfes und des Herzens und nicht der Organe. Technisch sind Glied und Scheide die Orgasmus-Auslöser. Stimmen aber die gegenseitigen Gefühle nicht mehr, fühlt sich ein Partner ausgenutzt, unterlegen, benachteiligt und nicht verstanden, schrumpfen die sexuellen Kontakte. Die Begierde verstummt, die Sehnsucht nach körperlicher Nähe nimmt ab. Freude an der Sexualität kann nur der mit einem Partner langfristig empfinden, der mit Leib und Seele, mit Herz und Hirn, mit seinem ganzen Fühlen und Wollen diesem einen Menschen zutiefst verbunden ist. Je glücklicher und harmonischer die seelisch-geistigen Beziehungen, desto beglückender der sexuelle Austausch.

Sexuelle Schwierigkeiten lassen sich vereinfacht auf folgenden Nenner bringen: Menschen, die sich von Mund zu Mund nichts mehr zu sagen haben, werden sich über kurz oder lang auch über die geschlechtlichen Organe nichts mehr zu sagen haben. Wenn die Herzen zueinander schweigen, schweigen auch die Geschlechtsorgane.

Die gewachsene Zweierbeziehung

Sexuelle Partnerschaft ergibt sich normalerweise aus einer gewachsenen Zweierbeziehung. Sie ist darum die höchste Steigerungsform der Vertrautheit, sie ist die dichteste Form der Liebe.

„Mann und Frau werden ein Fleisch." So definiert die Bibel dieses Einswerden von Mann und Frau. „Fleisch" bedeutet das geschaffene Lebewesen, seine Ganzheit. Beide werden zu einem neuen Geschöpf, zu einem neuen Lebewesen, zu einer neuen Person. Dr. Theodor Bovet, der Vater der Ehewissenschaft, hat das Einswerden der Eheleute an der Modellvorstellung der „Person" darzustellen versucht:

„Ein Kennzeichen jeder Person ist ihre besondere Zeitgestalt: Zeugung, Geburt, Wachstum, Reifung, Alter, Tod ... So wird auch die Ehe am Hochzeitstag geboren: Sie tritt vor die Öffentlichkeit und wird von dieser offiziell als neue Person registriert. Wie bei jeder Person ist diese Geburt der Schlussakt einer längeren intrauterinen fötalen Entwicklung: Man kann sagen, dass die Eheperson bei der Verlobung gezeugt wird und nun während der Brautmonate allmählich Gestalt gewinnt. Dieses Bild der Brautzeit als fötaler Sinn in der Ehe veranschaulicht deutlicher als irgendein anderes das Verhältnis von Verlobung und Heirat.“ [54]

Hier wird die Ehe viel organischer und lebendiger verstanden, als juristische Aussagen es verdeutlichen können. Auch voreheliche Beziehungen bekommen in diesem Bild ein anderes Gesicht. Die fötale Entwicklung der Eheperson ist für die Außenwelt verborgen. Es ist also nicht sicher, ob die Frucht ausgetragen wird, sondern jederzeit kann eine „Fehlgeburt“ eintreten, indem die Verlobung sich auflöst und es nicht zur Geburt der Ehe kommt.

Liebe ist auch sexuelle Partnerschaft.
Liebe bedeutet totales Einswerden.
Liebe ist darum mehr als das Einswerden zweier Leiber.
Liebe ist mehr als die Vereinigung von Glied und Scheide.

Liebe ist mehr als das Begehren zweier Sexualorgane. Zwei Menschen aus Fleisch und Blut, aus Sehnsüchten und Wünschen, die ein Zusammenspiel der Herzen und Lebensstile praktiziert haben, vereinigen sich. So ist die Reihenfolge:

Zwei Menschen haben viel Zeit gebraucht,
um sich *kennenzulernen,*
zwei Menschen haben viel Zeit gebraucht,
um sich *schätzen zu lernen,*
zwei Menschen haben viel Zeit gebraucht,
um *einander zu versprechen,*

zwei Menschen haben viel Zeit gebraucht,
um sich *lieben zu lernen,*
zwei Menschen haben viel Zeit gebraucht,
um *einander ganz zu schenken.*

Wo das Sexuelle ein Eigenleben führt, wo es sich verselbständigt und die übrigen Ausdrucksformen der Liebe missachtet, leiden die Partner. Wer mit der sexuellen Beziehung beginnt, zerstört in der Regel die Möglichkeit, eine tragfähige Beziehung, eine Liebe mit allen ihren Ausdrucksmöglichkeiten zu entfalten.

Ich möchte zu diesem Abschnitt den Psychologen Ulrich Beer zitieren, der über die Sexualität schreibt:

„Fehlen wird man nicht, wenn man nicht nur die spirituelle Liebe, sondern auch die geschlechtliche als gottgewollt bejaht und nicht der Verdrängung und der Finsternis überlässt. Wer die Sexualität nicht mittauft, macht sich daran schuldig, wenn sie für immer heidnisch bleibt – und die Menschen mit ihr, weil sie stärker ist. Da sie miterlöst ist, darf sie sich erfüllen, die Menschen bereichern, die Menschen freier und rücksichtsvoller machen. Eine erfüllte Sexualität wird nie zuchtlos, nur eine vergötterte, die aus dem Hungerstadium nicht hinauskommt. Eine humane, volle Sexualität erfüllt den Menschen bis in die höchsten Höhen seiner Geistigkeit und nicht nur teilweise und zeitweise, sondern immer. Sie sucht nicht Befriedigung, sondern Begegnung, Vereinigung, sucht den anderen Menschen ganz und für immer, mit dem zusammen sie erst das Urbild des Menschen verwirklicht, denn ‚Gott schuf den Menschen sich zum Bilde, und er schuf ihn als Mann und Frau'." [55]

Zusammenfassung

Körperlich-sexuelle Beziehungen sind ein wesentlicher Teil der Liebe und sicher auch gottgewollt. Besonders vor der Ehe und in jungen Jahren werden sie überschätzt und falsch interpretiert. Ihre Überbewertung in den Medien fördert die Enttäuschung. Erst wenn die seelischen Voraussetzungen gewährleistet, wenn feste Bindung und Zusammengehörigkeitsgefühl garantiert sind, kommen sie in der Partnerschaft zur beglückenden Erfüllung.

AUSDRUCKSFORM NR. 15

Liebe ist Treue

Einführung

Liebe ohne Treue ist wie ein Baum ohne Blätter. Treue ist kein Gefühl. Treue ist eine Haltung, eine Gesinnung, ein Versprechen. Treue bleibt eine lebenslange Aufgabe. Treu sein heißt: Ich bleibe bei dir. Ich halte bei dir aus. Du kannst mir trauen, was auch immer geschieht.

Warum Treue sich lohnt

Dr. Markus Spieker, Historiker und Redakteur im ARD-Hauptstadtstudio, hat ein Buch geschrieben mit dem provozierenden Titel: „Mono. Lust auf Treue."

Bei ihm heißt es:
„Die Freiheit der Liebe wird groß geschrieben, die Verpflichtung zur Treue klein. In solch einer Gesellschaft leben wir. Der treue Ehemann ist langweilig, unsexy, ein erotisches Neutrum. Der Womanizer ist der Wild Boy, der Gefahr und Abenteuer ausdünstet. (...) Was sind die Vorteile der Treue? Mir fallen zwei ein: Treue tut gut. Untreue tut weh. Treue tut gut, weil sie glücklich macht. Und zwar in dieser Reihenfolge:

- Treue schafft Vertrauen,
- Vertrauen schafft Vereinfachung des Lebens,

- Entspannung schafft Zufriedenheit,
- Zufriedenheit schafft Glück.“ [56]

Spieker macht darauf aufmerksam,

- dass es mit der Treue wie mit der Gesundheit ist. Was man an ihr hat, merkt man erst, wenn sie weg ist;
- dass der Lustflash nichts ist, aber der lange Frieden alles;
- dass es trotz vermeintlicher Irrwege und Versuchungen für ein liebendes Ehepaar lohnenswert sei, gemeinsam auf dem Pfad des Glaubens zu wandeln und einander treu zu sein.

Treue ist wie ein Muskel

In einem Dialog unterhalten sich zwei Verheiratete über die Treue. Er sagt: „Du bist ja nicht nur meine Ehefrau, du bist auch meine Freundin, meine tiefste Vertraute. Da hätte ich sehr viel aufs Spiel gesetzt. Außerdem hatte ich mich an die Treue schon gewöhnt.“

Die Frau fragt: „Gewöhnt?“

Er: „Ja, gewöhnt an die Zumutung meiner eigenen Überzeugung. Mir scheint, Treue ist wie ein Muskel. Man kann sie trainieren. Widerstand gegen die eigenen Wünsche macht stark.“ [57]

Zur Treue gehört es, dass man mit dem Partner über seine Sehnsüchte, seine Bedürfnisse und Versuchungen sprechen kann. Das schweißt zusammen. Das stiftet Vertrauen.

Treue in der Ehe ist gut für die Gesundheit

„Wissenschaftliche Studien belegen: Fremdgehen erhöht das Krankheitsrisiko.

Wer das Gebot ‚Du sollst nicht ehebrechen' beherzigt, lebt gesünder. Das geht aus Untersuchungen hervor, über die das Magazin ‚Men´s Health' berichtet. Seitensprünge bedrohen die Gesundheit massiv. So haben Forscher der Universität Turin (Italien) festgestellt, dass Männer mit außerehelichen Affären das höchste Risiko für Migräne und krankhafte Arterienerweiterungen hätten. Grund sei der Stress des Betrügens." [58]

Fremdgehen belastet das Vertrauensverhältnis.
Fremdgehen untergräbt die Intimität und das Zusammengehörigkeitsgefühl.
Fremdgehen erhöht das Krankheitsrisiko und zerrüttet die Zufriedenheit.

Untreue Phantasien

Die Ehetherapeutin Judith S. Wallerstein und die Journalistin Sandra Blakeslee haben ein Buch geschrieben, das vor Jahren in aller Munde war: „Gute Ehe. Wie und warum Liebe dauert." In einem Kapitel beschäftigen sie sich mit der Untreue in der Phantasie:

„Sexuelle Phantasien ziehen sich durch unser ganzes Leben hindurch. Sie sind im Konferenzzimmer genauso am Werk wie im Supermarkt, in U-Bahnen und Bussen. Besonders stark werden sie in Krisenzeiten. (...) Sexuelle Phantasien gehören zum Erwachsensein, besonders in einer Zeit wie der unseren, in der es von erotischen Reizen nur so wimmelt. Auch eine tolle Ehe lässt Wünsche offen. In den besten Ehen haben beide Partner das Gefühl, dass ihre wichtigsten Bedürfnisse befriedigt werden. Die unbefriedigten werden Teil der jeweiligen Phantasien." [59]

Die Autorinnen bestätigen, dass viele Verheiratete „Ausrutscher" auf Geschäftsreisen und einmalige Quickies in Kauf nähmen. Nahezu ohne Ausnahme gestanden Männer wie Frauen bei wissenschaftlichen Befragungen sexuelle Phantasien. Besonderes am Arbeitsplatz, wo Männer und Frauen eng zusammenarbeiten, spielen sexuelle Phantasien und oft ihre praktische Umsetzung eine große Rolle. Versuchungen und Verführbarkeit sind enorm. Viele nehmen sie nicht ernst und gehen gleichgültig darüber hinweg, wenn sie Realität geworden sind. Wir sollten uns nichts vormachen.
Ohne Zweifel belasten sie die Intimität.
Ohne Zweifel untergraben sie das Zusammengehörigkeitsgefühl.
Ohne Zweifel stören sie das Vertrauensverhältnis und die Innigkeit.

Das Wort „Treue" in der deutschen Sprache

Dem deutschen Wort Treue liegt wahrscheinlich das indogermanische Wort „deru" zugrunde. „Deru" heißt so viel wie Baum. Speziell waren die Bäume mit Kernobst gemeint. So erhält das Wort Treue die Bedeutung von „kernholzartiger Festigkeit". Und Hartmut Bärend schreibt dazu: „Mit der Treue ist das also wie mit einem

Baum, fest verwurzelt, Stürmen und Unwettern trotzend, stark und beständig. Interessant schließlich ist, dass das verwandte englische ‚truth' (‚true') Treue in diesem Sinne zum Ausdruck bringt und trotzdem noch weiter greift: ‚Truth' ist ‚Wahrheit', das heißt Treue und Wahrheit, Treue und Wahrhaftigkeit gehören zusammen. Die Treue gehört zur Liebe wie das Wachs zum Kerzenlicht." [60]

Wie die Liebe sich ohne Treue nicht entfalten und gelebt werden kann, so gibt es kein Kerzenlicht ohne Wachs. Das eine ist ohne das andere nicht denkbar. Treue hängt mit Trauen und Vertrauen zusammen. Wer treu ist, traut dem Anderen; wer treu ist, vertraut dem Anderen. In diesem Sinne schließen sich Eheleute zusammen. Sie schwören sich ewige Treue und versprechen vor dem Traualtar, zusammenzubleiben, in guten und bösen Tagen, in Freud und Leid – bis der Tod sie scheidet. Wer treu ist, ist zum Partner wahrhaftig.

Und Jochen Fischer, einer der Begründer der Eheberatung in Deutschland, konnte über zwei junge Menschen sagen, die sich vor dem Traualtar ewige Treue schwören:

„Wenn sie sich lebenslange Treue schwören und dieses Versprechen ohne den Beistand des lebendigen Gottes abgeben, ist das ein hochstaplerisches Versprechen. Wissen sie, was sie sagen? Wissen sie, was sie versprechen? Treue ist kein romantisches Gefühl, Treue ist eine Willenskundgebung."

Treue ist kein Gefühl, Treue ist eine Willenskundgebung, die unter dem Beistand Gottes leichter gehalten werden kann. Treue sagt bedingungslos zum Anderen ja, auch wenn die Gefühle der Anziehung und Faszination nachlassen. Wer Treue sagt und Treue will, findet die Kraft der Erneuerung. Zwei Menschen, die einander rückhaltlos versprechen, suchen Wege, wenn Spannungen und Krisen sich einschleifen. Sie probieren keinen Ausbruch, sie suchen gemeinsame Lösungen.

Die Treue ist doch kein leerer Wahn

Vor vielen Jahren machte eine sogenannte „wissenschaftliche Erkenntnis" die Runde: Gelegentliche Untreue tut einer Ehe gut. Verkündet wurde die These von dem amerikanischen Ehepaar O'Neill, das sie in seinem Buch „Die offene Ehe" anpries. Als die O'Neills Paare suchten, die nach ihrem Konzept glücklich geworden waren, fanden sie keines und gaben zu: „Wir haben uns geirrt."

Diese bittere Wahrheit ist aber vielen Lesern und Probierern vorenthalten worden. Die Treue ist kein leerer Wahn. Treue in der Ehe ist lebensnotwendig. „Treue ist das Salz in der Suppe der Ehe."

Treue ist ein verlängertes Vertrauen mit einem Schuss Hoffnung. Treue heißt aber auch, dass man nicht irgendeinen Fehltritt absolut verurteilt. Denn absolute Treue ist eine Illusion. Der Mensch ist und bleibt ein Sünder.

Treue und Vertrauen gehören zusammen. Ohne Treue kein Vertrauen. Ohne Vertrauen keine Liebe. Treue ist kein überflüssiger moralischer Zuckerguss für den Kuchen Ehe. Treue bedeutet, dass man voll und ganz zum Ehegatten steht, ganz für ihn da ist und sich voll für ihn einsetzt. Diese Treue beinhaltet Ehrlichkeit. Wer den

Partner anlügt und ihm etwas verschweigt, der betrügt ihn. Diese Form der Untreue zerreißt das Band der Liebe, sie schafft Risse und Störungen in der Partnerbeziehung.

So erfordert Treue auch Mut. Ich stehe für den Partner ein, wenn er angegriffen und diffamiert wird, wenn Eltern und Schwiegereltern sich beschweren. Treue ist eine Solidarität mit dem geliebten Menschen.

Ist Egoismus Untreue?

Ich spreche in einem christlichen Jugendkreis über das Thema „Zwischen Kuss und Ehe". Wir kommen auch auf die Untreue zu sprechen. „Was ist Untreue?" Und wie in einem Chor schallt es mir entgegen: „Wenn man fremd geht; wenn man sich einem anderen Menschen in Liebe zuwendet; wenn man sexuell mit einem anderen Partner verkehrt."

Das ist richtig. Aber muss sich Untreue immer in so plumper Aufmachung produzieren? Gibt es nicht viel feinere und gefährlichere Formen?

- Untreue ist auch Egoismus,
- Untreue ist auch falsche Rücksicht auf andere Menschen,
- Untreue ist auch Unfreiheit gegen die eigene Triebhaftigkeit,
- Untreue ist übertriebener Ehrgeiz in beruflicher, moralischer und religiöser Hinsicht,
- Untreue ist auch Vernachlässigung des Partners.

Es gibt viele anständige Dinge, die uns wichtiger sind als der Partner. Untreue wie in den geschilderten Beispielen schleicht sich auf Samtpfoten in die Ehe ein. Kein plumper Fehltritt und kein sexuelles Vergehen. Wer seinen Ehepartner vernachlässigt, wer seinen egoistischen Zielen nachjagt und wer seiner beruflichen Karriere Platz Numero eins einräumt, ist untreu.

Er sieht *sich* und nicht den Partner,
er liebt das Ich und nicht das Wir,
er hat sein Leben im Auge und nicht die Ehe.

Egoismus ist eine Form der Untreue. In der Ehe steht das *Wir* im Mittelpunkt und nicht das Ich. Selbstverwirklichung am anderen vorbei ist eine Schweinerei. Wenn meine Hobbys einen Raum einnehmen, der meinen Lebenspartner beschneidet, dann ist das Untreue. Ich denke zuerst an mich und nicht an den liebsten Menschen. Ich denke an mich und nicht an das *Wir.*

Ursachen der Untreue

Ein wahres Wort hat Theodor Bovet über Untreue und Ehebruch geschrieben:

„Ehebruch setzt immer eine brüchige Stelle in der Ehe voraus."

Zwei Menschen, die glücklich, zufrieden und harmonisch zusammenleben, werden sich kaum zu ernsthafter Untreue hinreißen lassen. Sie haben es nicht nötig, ihre Blicke, Begierden und Wünsche auf andere Partner zu richten. Sie können in Versuchung geraten und einem Seitensprung anheimfallen – den ich nicht bagatellisieren möchte –, aber sie können in ihrer Liebe zu dem einen Partner nicht grundsätzlich irre gemacht werden.

Wesentlich anders sieht es mit den Partnern aus, die unzufrieden mit sich und der Ehe sind. Die Liebeseinheit ist gestört. Die Partnerschaft ist locker geworden. Die Treue wird angezweifelt, und das Miteinander ist zu einem Nebeneinander geworden. Und wie können die Ursachen konkret lauten? Die Eheberatung bietet viele Beispiele an. Einige möchte ich nennen:

- Ein Partner ist *enttäuscht* vom Anderen. Er hat selbst zu hohe Erwartungen gehabt. Seine Vorstellungen waren unrealistisch und kindlich. Er ist ständig auf der Suche nach dem idealen Lebenspartner.
- Zwei Menschen sind extrem *gegensätzlich.* Beide haben eine Ergänzung gesucht. Aber die Gegensätze werden zu gefährlichen Reibungspunkten. Sie streiten sich mehr, als dass sie sich beglücken.
- Ein Partner lebt sexuell *unbefriedigt.* Die Hingabe ist blockiert. Angst, vereinnahmt, unterjocht, beherrscht oder ausgenutzt zu werden, hemmt die sexuelle Harmonie. Einer bricht aus und sucht die Erfüllung bei anderen Partnern.
- Zwei Eheleute *kämpfen* miteinander. Jeder will recht haben und recht behalten. Der Kampf kann auf vielen Ebenen geführt werden: ums Geld, um die Kinder, um die richtige Kindererziehung, um den rechten Glauben und um tägliche Entscheidungen. Schließlich geht ein Ehepartner fremd und kämpft auf diese Weise gegen seinen Partner.
- Zwei Eheleute *haben sich nichts mehr zu sagen.* Ihre Kommunikation ist auf dem Nullpunkt. Vielleicht fanden sie sich äußerlich attraktiv, stimmten aber seelisch und geistig wenig überein. Langeweile in der Ehe ist ein beliebter Grund auszubrechen.

Es gibt unzählige Gründe, die Untreue fördern und Ehebruch herausfordern.

Müssen diese Konflikte und Ehestörungen zum Ehebruch, zur Untreue und möglicherweise zum endgültigen Bruch führen? Nein. Wenn beide wollen, wenn beide therapeutische oder fachliche Hilfe in Anspruch nehmen, kann der Konflikt gelöst werden. Wer Störungen allerdings als Alibi benutzt, um auszubrechen, und nun den leichtesten Weg beschreitet, es mit einem Dritten zu versuchen, der hat vermutlich dem Anderen niemals die Treue versprochen. Er sieht in erster Linie sich und sein Glück und nicht das Wir der Ehe.

Untreue nach biblischem Verständnis

Wenn wir das Neue Testament befragen, gibt ein Wort im Matthäus-Evangelium wieder, was Jesus unmissverständlich zur Untreue und damit zum Ehebruch sagt:

„Ich aber sage euch: Wer sich von seiner Frau scheidet – außer wegen Unzucht – und eine andere heiratet, der begeht Ehebruch; und wer eine Geschiedene heiratet, begeht ebenfalls Ehebruch." (Matthäus 19,9)

Wer nach Argumenten für eine Scheidung sucht, stößt in der Lehre Jesu auf „Unzucht", auf Ehebruch. Der Theologe Hansjörg Bräumer schreibt dazu:

„Auch wenn in den beiden anderen Stellen, in denen das Wort Jesu über die Ehescheidung überliefert ist, der Hinweis auf den Ehebruch als Scheidungsgrund fehlt (vgl. Markus 10, 11; Lukas 16,18), so liegt kein Grund vor anzunehmen, dass die Bemerkung ‚Bei Unzucht ist die Ehe scheidbar' nicht von Jesus stamme. ,Es sei denn wegen Ehebruchs' ist kein die ursprüngliche Aussage Jesu abschwächender späterer Zusatz aus judenchristlicher Tradition, sondern ein Wort Jesu, mit dem er gerade seinen Nachfahren aus dem Volke der Juden deutlich machen wollte, dass die Ehe nur und allein ein Bund zwischen einem einzigen Mann und einer einzigen Frau ist ... Die eheliche Verbindung mit einem Dritten, ob sie von Seiten des Mannes oder der Frau ausgeht, bedeutet Zerbruch der von Gott gewollten Einheit." [61]

Was heißt das für die Christen?

1. Im Alten Testament konnte geschieden werden, wenn der Mann etwas „Widerwärtiges" an seiner Frau entdeckte. Unter Widerwärtigem verstand das Lehrhaus Rabbi Schammai „Erwiesenen Ehebruch". Nach dem Lehrhaus des Rabbi Hillels bedeutete das Wort des Mose „Übertretung eines Wortes" und meinte Ungehorsam der Frau, Ehebruch, aber auch jegliche Unzufriedenheit mit der Frau.

2. Jesus radikalisiert im Neuen Testament das Scheidungsverbot. Für ihn ist Ehebruch die Zerstörung der Einehe. Er spricht von der grundsätzlichen Unauflösbarkeit der Ehe. „Was Gott zusammengefügt hat, das soll der Mensch nicht scheiden." (Matthäus 19,6)

3. Der Ehebund ist eine Einheit, ein Unteilbares. Mann und Frau sind nicht mehr zwei, sie sind nicht mehr einsam. „Sie sind ein Individuum. Das Wort Individuum bedeutet ursprünglich ,Unteilbares' und nicht, wie es heute verstanden wird, ,Eigenständigkeit'."

4. Die christliche Ehe gründet nicht in erster Linie auf gegenseitigen Verträgen. Sie gründet in Gottes Handeln.

Gott hat die zwei zusammengefügt. Und was in Gott vereinigt wurde, sollte der Mensch nicht scheiden.

5. Scheidung ist der Tod der Eheperson. Scheidung ist das Ende des Individuums Ehe. Wird die eheliche Partnerschaft durch gegenseitige Qual, durch unüberwindbare Gegensätze und seelische Unverträglichkeit doch infrage gestellt, können die Eheleute vor Gott und mit einem Seelsorger überlegen, wo das kleinere Übel ist. Auch eine schmerzliche Trennung kann vergeben werden.

Zusammenfassung

Eine wesentliche Ausdrucksform der Liebe ist Treue. Die Treue ist mehr als ein lästiges Anhängsel zur Liebe. Eine runde und umfassende Liebe kann auf Treue nicht verzichten. Die Treue erst macht eine ganzheitliche Liebe möglich. Treue ist kein Gefühl, sondern eine willentliche Entscheidung. Treue schafft Verbindlichkeit, schafft Vertrauen und Geborgenheit.

AUSDRUCKSFORM NR. 16

Liebe ist Vergebung

Einführung

Liebe ohne Vergebungsbereitschaft zerstört sich selbst. Liebe lebt von der Vergebung. Vergebung ist bedingungslose Liebe. Gott liebt uns bedingungslos, auch wenn wir nicht an ihn glauben. Vergebung ist die wichtigste Sache der Welt. Vergebung ist Heilung für seelische Wunden. Vergebung verhindert, dass Beziehungen zerstört werden. Vergebung ist auch die Voraussetzung für die Gemeinschaft mit Gott.

Liebende leben von der Vergebung

Der Dichter und Schriftsteller Manfred Hausmann hat einen Roman geschrieben, der den Titel trägt: „Liebende leben von der Vergebung". Da leben zwei Menschen recht und schlecht zusammen. Er ist Arzt und sie eine gute Hausfrau. Den Ehezwist löst ein befreundeter Dichter aus, der Frau Irene gut leiden kann und bei dem sie ein Auge riskiert. Ihrem Mann, der praktisch veranlagt ist, bleibt der Dichter ein Dorn im Auge. Der Dichter Melchior Medardus ist also der berüchtigte Andere, der die Ehe auf die erste Probe stellt. Es muss kein Arzthaushalt und der Andere kein Dichter sein. Die Gefährdung der Ehe beginnt mit jedem Anderen und ist unabhängig von Stand, Klasse und Portemonnaie.

Wie viele Eheleute gibt es, die um eines Dritten willen schuldig werden. Schnell sammelt sich ein Schuldkonto. Der Riss klafft weit auseinander. Zwei Menschen leben sich auseinander, sie leben aneinander vorbei. Sie gehen ihre eigenen Wege – und eines Tages geht es nicht mehr, wenn nicht ... ja, wenn die Vergebung den Riss nicht kittet. Manfred Hausmann sagt an einer Stelle:

„Menschlich, wirklich menschlich, aber begegnen sie sich nur so lange oder erst dann wieder, wenn sie einander das, was sie einander schuldig geblieben sind oder worin sie einander schuldig geworden sind, nicht vergelten, sondern vergeben. Wo Vergebung der Sünde ist, da ist Liebe und Seligkeit, wo aber Vergebung der Sünde nicht ist, da ist der Tod."

Und an anderer Stelle lässt er Frau Irene sagen:

„Sieh mal, weil es uns misslungen ist, haben wir eingesehen, oder jedenfalls ich, dass ich Nachsicht nötig habe, dass ich hilfebedürftig bin, dass du mir vergeben musst. Und das kannst du auch nur, wenn du mich lieb hast. Ich lebe von der Vergebung. Das weiß ich nun. Alle, die sich liebhaben, leben von der Vergebung. Du musst mich lieb haben, mich! Nicht die Irene, die du dir erträumt hast und die ich gar nicht bin, sondern die leibhaftige, die manchmal schwach wird und ein ganz kläglicher Mensch ist, die musst du trotzdem lieb haben, so lieb, dass du ihr immer wieder vergeben kannst. Sonst ist sie verloren."

Absolute Treue ist wie Sündlosigkeit für den Menschen unmöglich. Das ist keine Entschuldigung, sondern eine sachliche Feststellung. Absolute Treue ist ein Ideal, dem kein Mensch gerecht wird. Untreue und Schwachwerden – wie Frau Irene das ausdrückt – gehören zum Ehealltag.

Vergeben und vergessen

Ein schwedischer Graf besitzt ein merkwürdiges Stammbuch, in das drei Staatsmänner ihre Lebensweisheit eingetragen haben. Der 80-jährige französische Minister Guizot schrieb:

„In meinem langen Leben habe ich zwei weise Lehren gelernt: Die eine ist, vieles zu vergeben, die andere, nichts zu vergessen."

Unter diese Worte schrieb ein anderer französischer Staatsmann: „Ich habe gefunden, dass ein wenig Vergessen der Aufrichtigkeit der Vergebung nicht schadet."

Nun war auf dem Blatt noch Platz, dahin schrieb Bismarck seinen Spruch. Er hatte seine eigenen Gedanken über Vergeben und Vergessen, denn unter die Sprüche der beiden Franzosen schrieb er:

„In meinem Leben habe ich gelernt, viel zu vergessen und mir viel vergeben zu lassen."

Viele Menschen wollen vergeben, aber sie können nicht vergessen. „Das vergesse ich dir nie."

„Das trage ich dir noch nach, wenn ich schon gestorben bin", schrieb Kurt Tucholsky bissig über die üble Angewohnheit des Nachtragens.

„Ich will dir das zwar vergeben, aber vergessen tue ich dir das nie."

Solche Vergebung ist halbherzig, sie ist Stückwerk und birgt den Keim neuen Unheils in sich. Wer nachträgt und „alte Sünden" wieder auffrischt, zerstört das Band, das die Vergebung wieder flicken sollte. Vergebung beinhaltet auch Vergessen. Vergeben hängt darum mit Weggeben zusammen. Die Schuld wird abgelegt, beiseite getan. Leider steht vielen Partnern „ein gutes Gedächtnis" im Wege. Sie haben eine „verteufelt gute Erinnerung" und können es nicht lassen, die schmutzige Vergangenheit zu beschwören. Mit den alten Dingen wollen die betrogenen Eheleute

- ihren Partner bestrafen,
- ihr Misstrauen bekunden,
- sich an ihm rächen,
- ihm moralische Überlegenheit demonstrieren
- und den Lebensgefährten erneut demütigen.

Vergebung beinhaltet auch Vergessen. Denn wer alte Geschichten aufwärmt und die Vergangenheit beschwört, hat keinen Schlussstrich gezogen.

Vertrauen wächst aus der Vergebung

Zwei Menschen, die bedingungslos zueinander ja gesagt haben, können immer aus der Vergebung einen Neuanfang wagen. Es gibt praktisch kein Vergehen, das nicht vergeben werden könnte. Auch der Ehebruch ist für den Christen kein Scheidungsgrund. Im Korintherbrief heißt es: „Die Liebe deckt alles zu. Sie erträgt und erduldet alles." (1. Korinther 13,7)

Da steht *alles*.

Auch Ohrfeigen, Lügen, Demütigungen, tiefe Verletzungen, Bosheiten und Gemeinheiten? Im Grunde ja. Vielleicht ist dieser oder jener überfordert. Er schafft es nicht, die Gemeinheiten unter die Füße zu bekommen. Das ist menschlich verständlich. Jedem sind Grenzen gesetzt, die er selbst mit gutem Willen nicht überschreiten kann. Aber möglich ist es, vor allem, wenn Christen in der Kraft Gottes versuchen, auch schwerste Verfehlungen zu vergeben und zu vergessen.

Wer vergeben und vergessen kann, schafft eine neue Basis, auf der Vertrauen wachsen kann. Die Vergebung schafft einen neuen Anfang. Ohne Vergebung kein Vertrauen, ohne Vertrauen kein Neuanfang, ohne Neuanfang keine tragfähige Liebe. Auch hier wird deutlich, wie die verschiedenen Elemente der Liebe unlösbar miteinander verzahnt sind. Liebe ist ein komplexes Gebilde, das viele notwendige Ausdrucksformen widerspiegelt. Fehlt ein wichtiges Teilstück, läuft die Liebe nicht mehr. Die Vergebung sorgt dafür, dass das Rad der Liebe sich wieder dreht. Das missbrauchte Vertrauen kann sich wieder entfalten.
Wer vergibt, zieht einen Strich unter die Vergangenheit.
Wer vergibt, bekräftigt die gemeinsame Ehe.
Wer vergibt, streckt die Hand zur Versöhnung aus.
Wer vergibt, investiert Vertrauen.
Wer vergibt, wagt im Vorschussvertrauen einen Neuanfang.

Vergeben Sie sich selbst!

Das ist eine Zwischenüberschrift in Professor Gottmans ausgezeichnetem Buch über die „7 Geheimnisse der glücklichen Ehe“. Hier formuliert er:

„Nachdem Sie die Sieben Geheimnisse durchgearbeitet haben, ist Ihnen wahrscheinlich klar geworden, dass es so etwas wie eine konstruktive Kritik nicht gibt. Wenn Sie sich selbst für unzureichend halten, dann sind Sie immer auf der Suche nach etwas, was in Ihnen und in Ihrem Partner nicht vorhanden ist. Wenn Sie sich selbst in dieser Beschreibung des übermäßig selbstkritischen Menschen wieder erkennen, dann ist es das Beste, was Sie für sich und Ihre Ehe tun können, daran zu arbeiten, sich selbst und Ihre Macken anzunehmen." [63]

In der Tat, wir alle haben unsere Macken und Eigenarten, unsere Minderwertigkeitsgefühle und Schwächen. Nur wer sich selbst vergeben kann, wer seine Schwächen und Macken einsieht, kann auch dem Anderen vergeben. Wer es nicht kann, schiebt in der Regel dem Anderen die Schuld in die Schuhe. Er hält sich für besser und überlegener. Es ist Stärke, vor sich selbst, vor dem Anderen und vor dem lebendigen Gott seine Fehler, Sünden und Schwächen einzugestehen. Wir schaffen Frieden, Übereinstimmung und legen alle Feindseligkeit ab.

In Liebesbeziehungen kommt es unweigerlich zu Verletzungen

Die Paartherapeutin Friederike von Tiedemann antwortet auf Fragen von Maria Schnabel:

„Beziehungen, die auf Dauer angelegt sind, bringen es nun mal mit sich, dass man dem Anderen früher oder später wehtut. Das ist nicht zu vermeiden. Die Fähigkeit, dass ich verzeihe oder um Verzeihung bitte, ist wichtig, damit die Beziehung bestehen bleibt. Wenn sich jemand von mir verletzt fühlt, sollte ich ganz auf dessen Seite gehen und mich dafür interessieren, was genau wehgetan hat. Ich sollte den Schmerz anerkennen, den ich erzeugt habe, und das auch verbal zum Ausdruck bringen, wie zum Beispiel: ‚Ich bedaure sehr, dass ich dir damit so weh getan habe, und es tut mir leid.'"

Die Paartherapeutin betont auch, dass eventuell eine Wiedergutmachung notwendig ist. Zum Verzeihen gehört auch das Loslassen. Wir müssen den Verletzer und die Verletzungen loslassen. Wer nachträgt, will sich rächen.

Verzeihen ist kein einseitiger Prozess. Er kann nicht vom „Täter" allein geleistet werden. Auch der Verletzte muss die Verzeihung annehmen.

Wichtig ist auch, dass die Zeit nicht alle Wunden heilt. Leichte Verletzungen heilt die Zeit. Schwere Verletzungen brauchen Heilungszeit. Wohl dem, der im Namen Jesu vergeben und im Namen Jesu die Vergebung akzeptieren kann.

Ein weiser Mensch hat einmal gesagt: „Wenn du das Kriegsbeil begraben willst, dann lass auch seinen Griff nicht aus dem Boden ragen." Denn so lässt sich das Kriegsbeil jederzeit wieder finden und ausgraben.

„Ich habe dir unrecht getan!"

Die Eheberatung weiß ein Lied davon zu singen, wie schnell Frauen ihre Männer und Männer ihre Frauen beschuldigen und verantwortlich machen. Beide machen sich gegenseitig Vorwürfe und schüren den Streit. Solange die Schuld beim Partner gesucht wird, lässt eine Änderung der Eheschwierigkeiten auf sich warten. Wer dem Anderen die Schuld in die Schuhe schiebt, wäscht sich rein und ist nicht bereit, über seinen Anteil nachzudenken.

Die Bibel gibt auch den Eheleuten praktische Regeln an die Hand, mit denen sie beginnen können, Konflikte zu lösen. „Ziehe zuerst den Balken aus deinem Auge, und dann magst du zusehen, dass du den Splitter aus dem Auge deines Bruders ziehst." (Matthäus 7, 3-5)

Konfliktlösungen beginnen bei mir und nicht beim Anderen. Ich mache den Anfang und warte nicht auf den Partner. Genau das tun viele nicht. Sie greifen an. Die Änderung aber beginnt bei mir. Mich kann ich allein ändern. Ich habe kein Recht, den anderen ständig zu kritisieren und ihm seine Fehler vorzurechnen. Der amerikanische Eheberater Jay E. Adams hat recht, wenn er schreibt:

„Es ist verblüffend, wie spontan ein Partner, der bisher immerzu widersprochen hat, dem anderen zustimmt, wenn dieser sagt: ‚Ich habe dir unrecht getan!' (...) So beginnt die Versöhnung. Ehepartner dürfen nicht den Deckel vom Abfalleimer des Partners reißen, bevor sie die eigene Mülltonne vollständig geleert haben." [64]

Das ist deutlich formuliert. Haben sich erst Konflikte festgefressen und im Innern eingenistet, wird der erste Schritt zur Versöhnung immer schwieriger.

Meine Mutter hat meiner Frau und mir zur Hochzeit einen Spruch geschenkt, der uns in vielen Ehejahren eine Hilfe war: „Versündigt euch nicht im Zorn, und versöhnt euch wieder miteinander, bevor die Sonne untergeht." (Epheser 4,26)

Der heimliche Groll untergräbt die Liebe. Er kann Leib und Seele krank machen und unbewusst zu Impotenz und Frigidität führen. Plötzlich ist die Hingabe blockiert, die Unversöhnlichkeit trägt ihre negativen Früchte.

Und wem fällt es leichter, den Partner um Vergebung zu bitten? Antwort: Wer Versöhnung bei Gott für eigenes Unrecht gefunden hat. Wer selbst wieder vor Gott frei atmen und zufrieden leben kann, dem ist es unmöglich, seinem Partner mit Bosheit und Bitterkeit zu begegnen.

Wer vergeben kann, reicht seinem liebsten Menschen die Hände, er legt den Grundstein für neues Vertrauen und lebt eine ganzheitliche, reife Liebe.

Zusammenfassung

Die wesentlichste Ausdrucksform der Liebe ist Vergebung. Wer nicht vergeben kann, darf nicht heiraten. Vergebung macht es möglich, Frieden zu stiften, Misstrauen in Vertrauen umzugestalten, Beziehungsstörungen zu beseitigen und seelische Verletzungen zu heilen. Vergebung ist auch die Voraussetzung zur Gemeinschaft mit Gott.

AUSDRUCKSFORM NR. 17

Liebe ist Agape (Liebe aus Gott)

Einführung

Die Ausdrucksform der Agape ist für Christen zweifelsfrei die wichtigste Ausdrucksform. Sie ist die Kraftquelle, die alle anderen Ausdrucksformen durchdringt. Agape ist die uneigennützige, wohlwollende und hingebungsvolle Liebe von göttlicher Qualität. Diese Liebe aus Gott, in Gott und durch Gott gibt unserem Liebesbemühen Auftrieb.

Die geistliche Kraftquelle

Der amerikanische Autor Dr. Gary Chapman, dessen Buch „Die fünf Sprachen der Liebe“ einige Millionen Male verkauft wurde, schreibt in einem persönlichen Wort am Schluss des Buches:

„So manchem will es nicht gelingen, den Partner zu lieben. Das gilt besonders, wenn er keine Gegenliebe empfängt. Wer trotzdem lieben will, wird auf seine geistliche Kraftquelle zurückgreifen müssen. Als ich vor ein paar Jahren selbst Schwierigkeiten in der Ehe hatte, entdeckte ich ganz neu, wie sehr ich Gott brauchte. Als Anthropologe war ich gewohnt, mich auf Fakten zu stützen. Ich entschloss mich deshalb, einmal selbst nach den Wurzeln des christlichen Glaubens zu forschen. Ich studierte die historischen Berichte über Christi Geburt,

Leben, Tod und Auferstehung. Dabei wurde mir so recht klar, dass sein Tod ein Ausdruck von Gottes Liebe und seine Auferstehung ein Beweis für Gottes Macht war. Ich kam zum wahren Glauben und übergab Jesus mein Leben. Seitdem konnte ich immer wieder erfahren, dass Gott die geistliche Kraft zur Liebe schenkt, auch wenn wir keine Gegenliebe erfahren. Ich möchte Ihnen deshalb ans Herz legen, einmal selbst auf die Suche nach dem zu gehen, der, sterbend, noch für die betete, die ihn gerade töteten: ‚Vater, vergib ihnen, denn sie wissen nicht, was sie tun.' Wer könnte sein Liebe noch deutlicher unter Beweis stellen?" [65]

Ich kann die Aussagen von Chapman nur unterstreichen. Diese Agape haben wir nicht im Blut. Diese Agape produzieren wir nicht automatisch wie rote Blutkörperchen. Diese Agape ist ein Geschenk.

Chapman geht davon aus, dass die hohen Scheidungszahlen in unserem Land ein Beleg dafür sind, dass viele mit einem „leeren Liebestank" leben.

Es ist unsere bewusste Entscheidung,

- die Bedürfnisse des Anderen zu erfüllen,
- Ja zum Anderen zu sagen,
- mit Gottes Liebe unsere verschiedenen Ausdrucksformen zu durchdringen,
- Liebe zu investieren.

Wir bekommen in der Regel Liebe, Zuwendung, Zärtlichkeit und Wohlwollen zurück.

Die schenkende Liebe

Ich erwähne hier noch einmal das oben bereits angebrachte Zitat des Ehepaars Dr. Volker und Felicitas A. Lehnert, das diese aus dem Geist Gottes gewonnene Liebe folgendermaßen umschreibt:

„Das Zauberwort für gelingende Erotik in der Ehe heißt *Agape im Eros*. Eros ist, kurz gesagt, die begehrliche Liebe. Agape die schenkende Liebe. (…) Agape heißt, mit dem Ich-bezogenen Eros Du-bezogen umgehen zu lernen. In Anlehnung an unsere theologischen Überlegungen formuliert: Mit dem Fleischlichen geistlich umgehen und gerade dadurch das Körperliche nicht verlieren, sondern gewinnen. (...) Ehe ist ein Vertrag zum ‚gegenseitigen Dienst an Seele, Geist und Leib'. Auf die kürzeste Formel gebracht hat das der 1. Petrusbrief: ‚Dienet einander.' (1. Petrus 4,10)." [66]

Liebe in der Ehe

- ist schenkende Liebe,
- ist hingebende Liebe,
- ist dienende Liebe.

Ich liebe dich, weil du da bist

In diesem Satz kommt die wohlwollende Liebe, die göttliche Liebe, die *Agape,* zum Ausdruck. Sie nimmt den Anderen, wie er ist. Sie bejaht ihn mit Vor- und Nachteilen. Der Hauptakzent für den Eros lautet: Ich liebe dich,

- weil du so bist,
- weil du mich anziehst,

- weil du schön bist,
- weil dein Wesen mich anspricht,
- weil dein Gesicht mich fasziniert,
- weil deine Liebenswürdigkeit mich überwältigt.

Der Theologe Emil Brunner hat unmissverständlich die Erosliebe so gekennzeichnet und noch hinzugefügt: Ich liebe dich, solange du so bist. Wenn die Aktivität nachlässt, wenn sich Eigenarten verstärken und bestimmte Gewohnheiten mir lästig werden, hört meine erotische Liebe auf. Und nicht wenige Menschen drücken das knapp und klar aus: „Wir lieben uns nicht mehr." Im Klartext heißt dieser Satz nicht selten: „Du bist für mich nicht mehr interessant. Du bedeutest mir nichts mehr." Ein bestimmtes Etwas ist nicht mehr vorhanden. Die „Liebe" hat sich verflüchtigt. Jawohl, ein Teil der reifen, umfassenden Liebe, die zum gesamten Modell Liebe gehört, hat sich aufgelöst.

Emil Brunner macht deutlich, dass Erotik und Liebe aus Gott, Eros und Agape, mit dem Sündenfall auseinandergerissen wurden: „Das Sündige ist nicht das Erotische an sich, sondern die Emanzipation des Eros von der Liebe. Dem Heraustreten aus der Gottgebundenheit folgt das Auseinanderbrechen des Personhaften und des Erotischen oder richtiger: die Verwandlung des Personhaften, der Liebe in das Erotische. Der von der Verantwortlichkeit, von der Gemeinschaftsbindung losgelöste, der meisterliche, selbstherrliche Eros, im engeren und weiteren Sinne des Wortes die Umdeutung des Lebenssinnes im Sinne des Eros: Das ist die Sünde." [67]

Die erotische Liebe ist menschlich. Wer sie verteufelt, macht sich schuldig. Aber sie gehört zum „gefallenen Menschen“, zur Schöpfung, die nach dem Sündenfall einen „Knacks“ bekommen hat. Gott ist in die Welt gekommen, um diesen Knacks zu heilen. Er ist gestorben und auferstanden, um der Liebe in ihrer ganzheitlichen Gestalt wieder zum Durchbruch zu verhelfen.

Die Liebe aus Gott, die Agape, hebt sich deutlich von dieser menschlichen Schwäche ab. Darum konnte Martin Luther am Schluss seiner Heidelberger Thesen eine scharfe Attacke reiten gegen die flüchtige Erosliebe, wenn er schrieb:
„Deshalb sind die Sünder schön, weil sie geliebt werden.“
Nicht umgekehrt. Das heißt also:
Mein Lebenspartner ist schön, *weil* ich ihn bejahe;
mein Lebenspartner ist attraktiv, *weil* ich zu ihm halte;
mein Lebenspartner ist begehrenswert, *weil* er der Liebe bedarf.

Streng genommen wird hier der grundlegende Unterschied deutlich. Die erotische Liebe zeigt egoistische und zum Teil gemeinschaftsfeindliche Züge. Sie denkt an sich, an ihre Wünsche und Begierden.

Wenn das Neue Testament von Liebe, von der (Agape) spricht, dann gibt es für sie keinen anderen Gegenstand als das Du Gottes und das Du des Nächsten. Die erotische Liebe kennt Bedingungen:

- Ich liebe dich, *wenn* du bestimmte Erwartungen erfüllst,
- ich liebe dich, *wenn* du mir gefällst,
- ich liebe dich, *wenn* du meine Bedürfnisse befriedigst,

- ich liebe dich, *wenn* meine Gefühle dich positiv sehen.

Die Agape, die altruistische Liebe, kann darum auch nur an der grundlosen Liebe Gottes zum Menschen gemessen werden. Gott liebt in Christus den Menschen,
- der keine besonderen Werte aufweisen muss,
- den keine ausgeprägte Sympathie heraushebt und
- der nicht irgendwelche Attraktivität in die Waagschale wirft.

Wir werden geliebt um unserer selbst willen. Wir werden geliebt, *weil wir da sind.*

„Einfach Liebe"

Das ist der schlichte Titel eines Romans von der russischen Schriftstellerin Wanda Wassilewskaja, den ich mal gelesen habe. Im Mittelpunkt steht eine Krankenschwester, die in der Zeit des Großen Vaterländischen Krieges ihr Menschentum und ihre Liebe bewähren musste. Marias Bräutigam ist als Offizier an der Front von Stalingrad schwer verwundet worden. Kurze Zeit darauf empfängt die Krankenschwester und Braut die amtliche Todesnachricht. Im Urlaub sucht sie die Stadt und das Haus auf, wo sie sich kennen- und lieben lernten. In Marias Herzen tobt der Schmerz um Grischa. Wie eine Träumende kehrt sie an ihre Arbeit zurück. Sie wird von ihrem Chef stark umworben, weist aber alle Annäherungsversuche zurück. Grischa, ihr toter Bräutigam, ist ihr einziger Gedanke. Da trifft plötzlich ein Telegramm ein, das die Todesnachricht widerruft. Der Bräutigam ist in einem Lazarett aufgetaucht. Sie bekommt die Genehmigung, ihren Bräutigam zu pflegen.

Aber das Wiedersehen stürzt sie in eine bittere Verzweiflung. Sie findet ein menschliches Wrack vor, das mit dem ehemals geliebten Menschen nur noch wenig zu tun hat. Das Antlitz ist entstellt, ein Arm und ein Bein sind amputiert. Maria ist entsetzt und gelähmt. Sie findet keinen Zugang zu diesem Menschen. Wenn sie Grischa anblickt, nimmt sie eine Grimasse wahr. Unter Aufbietung aller Kräfte müht sie sich, ihren Zustand zu verbergen. Sie versucht, seinem Befinden gerecht zu werden und die Liebe zu üben, die ihr auferlegt ist. In ihr ist alles zugeschnürt und verkrampft. Sie fürchtet sich vor jedem neuen Tag und jeder neuen Stunde. Wochenlang leben beide nebeneinanderher. Nur die notwendigsten Worte werden gewechselt. Grischa kann das nicht länger ertragen und ruft sie eines Tages zurück, als sie das Zimmer verlassen will. Der Name „Maria" geht ihr durch Mark und Bein. Sie hört seine warme, sehnsüchtige Stimme, und in Maria bahnt sich eine Veränderung an. Plötzlich weiß sie, dass sie diesen Menschen lieben wird und lieben muss. Alle romantischen Jungmädchenträume, alle Gefühle der Verliebtheit und Verrücktheit sind zu Ende. Ihr wird eine Liebe geschenkt, die mehr ist als Mitleid und Pflichterfüllung. Sie lernt ja zu sagen zu einem Menschen, der alle Attraktivität des Mannes verloren hat.

Unsere normalen Liebesgefühle, die von Sympathie, Lust, Begierde und von vielen Faktoren, die in diesem Buch beschrieben wurden, gekennzeichnet sind, reichen in der Regel nicht aus, um die tiefe Liebe einer

Maria zu Grischa zu verstehen und nachzuleben. Wer auf die Agape, die Kraftquelle der göttlichen Liebe, zurückgreifen kann, wird auch da noch lieben können, wo unser natürliches Liebesreservoir erschöpft ist.

Die Agape hört niemals auf

Die menschliche Liebe, wie wir sie in den bisherigen Elementen vorgestellt haben, die auf Gefühlen aufbaut, die von Sympathie und Antipathie, von Launen und Zufällen abhängig sind, kann mit der göttlichen Liebe kaum verglichen werden. Wenn es in 1. Korinther 13,8 heißt: „Die Liebe hört niemals auf“, dann ist unsere zerbrechliche, angefochtene und wankelmütige Liebe nicht gemeint.

Das griechische Wort Agape, das im Neuen Testament für Liebe steht, ist eindeutig. Im nichtbiblischen Griechisch ist es so gut wie unbekannt gewesen und bedeutet eine Neuschöpfung der biblischen Tradition. Es taucht damit auch ein neuer Akzent in der Weltgeschichte auf:

- die schenkende Liebe, die nichts erwartet;
- die Hingabe an den Anderen, die nichts zurückhaben will;
- das bedingungslose Für-den-Anderen-Dasein.

Wer an dieser Liebe teilhat, der hat an dem lebendigen Gott teil. Wer von der Liebe reden will, muss am Anfang beginnen. Am Anfang stehen der Schöpfer und der Wohltäter des Menschen. Am Anfang steht Gott als der Inbegriff der Liebe. „Lasst uns einander lieben, denn die Liebe ist aus Gott. Nicht dass wir Gott geliebt haben, sondern ER hat uns geliebt und Seinen Sohn für uns gesandt.“

Daraus ergibt sich, dass wir den Inbegriff der Liebe nur kennen und uns gegenseitig lieben können, wenn wir glauben. Von daher ist das Fundament der menschlichen Liebe und ihrer verschiedenen Ausdrucksformen die Agape. Sie ist eine Widerspiegelung der göttlichen Liebe, die in Jesus Christus Person wurde.

„Wir lieben, weil Er uns zuerst geliebt hat."

Die Agape hält die Treue.
Die Agape spielt nicht mit dem Seitensprung.
Die Agape will keine Lieblosigkeit.

Keine Charaktereigenschaft und kein Nachlassen der Eros-Liebe können die Agape hindern, treu zu sein. In guten und bösen Tagen, in der Jugend und im Alter, in Freud und Leid, bei Gesundheit und Krankheit sagt sie ja zum Partner.

Menge hat in seiner Bibelübersetzung das 13. Kapitel des 1. Korintherbriefes so überschrieben: „Das Hohelied von der Liebe als der höchsten Gnadengabe". Da wird unmissverständlich ausgedrückt, dass Liebe kein Faktor ist, den wir im Blut und den wir schon bei der Geburt mit in die Wiege gelegt bekommen haben.

Liebe in diesem Sinne

- ist ein Geschenk,
- ist eine kostenlose Zuwendung,
- ist eine Geistesgabe.

Liebe ist Gnade, Liebe ist die personifizierte Liebe Gottes, die in unsere Welt gekommen ist. Diese Agape stärkt und belebt unsere Partnerschaft.

Literaturverzeichnis

Ausdrucksform Nr. 2: Liebe ist Erotik

1 Emil Brunner, Eros und Liebe, Furche-Bücherei, Hamburg (7. – 11. Tausend) 1952, S. 18.
2 Volker A. Lehnert/Felicitas A. Lehnert, Ehe wir´s verlernen, Aussaat-Verlag, Neukirchen Vluyn 2002, S. 41ff.
3 Peter Lauster, Psychologie eines Phänomens, rororo, Hamburg 1982.
4 John M. Gottman/Nan Silver, Die 7 Geheimnisse der glücklichen Ehe, Econ, Ullstein, List-Verlag, München 2000, S. 245.

Ausdrucksform Nr. 3: Liebe ist Chemie

5 Helen Fischer, in: Psychologie heute (compact), 31/2012, S. 22.
6 Richard David Precht, Liebe, Goldmann Verlag München 2010, S. 112 ff.
7 Ebda., S. 176.
8 Gerhard Roth, Persönlichkeit, Entscheidung und Verhalten, Klett-Cotta Verlag, Stuttgart [6]2011, S. 245.
9 Precht, a.a.O., S. 180 f.

Ausdrucksform Nr. 4: Liebe heißt Selbstannahme und Annahme des Anderen

10 Hans Jellouschek, Was die Liebe braucht, Kreuz Verlag, Freiburg [2]2009, S. 33.

Ausdrucksform Nr. 5: Liebe ist Gefühl

11 Ulrich Mees, Die Liebe ist mehr als ein Gefühl, in: Psychologie heute (compact), 31/2012, S. 62 f.
12 Precht, a.a.O., S. 186.
13 Ebda., S. 188.
14 Roth, a.a.O., S.14.
15 Ebda., S. 144.
16 Ebda., S. 270.
17 Ralf Luther, Neutestamentliches Wörterbuch, Furche Verlag, Hamburg, [15]1962, S. 180ff.
18 Lehnert/Lehnert, a.a.O., S. 71f.
19 Stephan R. Covey, Die sieben Wege zur Effektivität, Heyne Campus, München [17]2001, S. 76 f.

Ausdrucksform Nr. 6: Liebe lebt von Anerkennung

20 Virginia Satir, Familienbehandlung, Lambertus Verlag, Freiburg i. Br. 1973, S. 6.
21 Gottman, a.a.O., S. 102f.

Ausdrucksform Nr. 7: Liebe lebt von Geborgenheit

22 Paul Tournier, Geborgenheit – Sehnsucht des Menschen, Rascher Verlag Zürich/Stuttgart 1969, S. 17.
23 Susan M. Johnson/Matthias Angelsdorf, Die Erschaffung der Liebe, in: Psychologie heute (compact), 3/2012, S. 36.

Ausdrucksform Nr. 8: Liebe ist Überwindung von Einsamkeit

24 Paul Tournier, a.a.O., S. 33f.
25 Erich Fromm, Die Kunst des Liebens,

Ullstein-Materialien, Frankfurt a. M./Berlin/Wien 1980 (741.- 890.Tsd.), S. 66f.

26 Michael Eichhammer, Erste Hilfe für Frischverliebte, Klett Cotta Verlag, Stuttgart 2010, S. 221.

Ausdrucksform Nr. 9: Liebe ist Geben und Nehmen

27 Helga Levend, Das Ringen um Gerechtigkeit, in: Psychologie heute (compact), 31/2012, S. 45.

28 John Gray, Männer sind anderes, Frauen auch, Goldmann Verlag, München 1993, S. 63f.

29 Ebda., S. 65.

30 Theodor Bovet, Die Ehe, Katzmann Verlag, Tübingen 1960, S. 34.

31 Fromm, a.a.O., S. 35f.

32 C. S. Lewis, Was man Liebe nennt, Brunnen Verlag, Giessen/Basel ^{2}1979, S. 10.

Ausdrucksform Nr. 10: Liebe ist Verliebtheit

33 Eichhammer, a.a.O., S. 31.

34 Dirk Revenstorf, Die geheimen Mechanismen der Liebe, Klett Cotta Verlag, Stuttgart ^{3}2009, S. 39ff.

35 Ebda., S. 42.

36 Manfred Hassebrauck, Der kleine Lebensberater, Klett Cotta Verlag, Stuttgart 2012, S. 73.

37 Erich Vollandt, Ohne Liebe kann keiner leben, Schriftenmissionsverlag, Gladbeck 1964, S. 7ff.

Ausdrucksform Nr. 11: Liebe ist Liebe auf den ersten Blick

38 Precht, a.a.O., S. 176.

39 Hassebrauck, a.a.O., S. 30f.

40 Ebda., S. 105ff.
41 Eichhammer, a.a.O., S. 97ff.

Ausdrucksform Nr. 12: Liebe ist auch Freundschaft

42 Gottman, a.a.O., S. 28ff.
43 Brunner, a.a.O., S. 31.
44 Albert Ellis, Die rational-emotive Therapie, Pfeiffer Verlag, München 1977, S. 64f.
45 Josef Kirchner, Die Kunst, ein Egoist zu sein, Droemer Knaur Verlag, München/Zürich 1979, (115. Tsd.), S. 161f.
46 Alfred Adler, Wozu leben wir?, S. Fischer Verlag, Frankfurt a. M. 1981 (13.-17.Tsd.), S. 217.

Ausdrucksform Nr. 13: Liebe ist Vertrauen

47 Rudolf Dreikurs, Soziale Gleichwertigkeit, Klett Cotta Verlag, Stuttgart 1972, S. 89f.
48 Ursula Nuber, Was Paare wissen müssen?, S. Fischer Verlag, Frankfurt a. M. 2007, S. 175ff.

Ausdrucksform Nr. 14: Liebe ist genitale Sexualität

49 Revenstorf, a.a.O., S. 28ff.
50 Ebda., S. 37.
51 Nuber, a.a.O., S. 160.
52 Ebda., S. 156.
53 Kate White im Gespräch mit „Psychologie heute“: „Liebe ist ein gefährliches Gefühl“, in: Psychologie heute, 11/2011, S. 52ff.
54 Theodor Bovet, Ehekunde (Allgemeiner Teil), Katzmann Verlag, Tübingen ^{2}1963, S. 27f.

55 Ulrich Beer, Kult mit jungen Götzen, Verlag Weißes Kreuz, Kassel-Harleshausen 1975, S. 72.

Ausdrucksform Nr. 15: Liebe ist Treue

56 Markus Spieker, „Ich bin treu und das ist gut so!“, in: hoffen + handeln, 2/2012, S. 7f.

57 Anja u. Peter Offenhaus, Hallo Katze, hier spricht dein Kater, in: Salzkorn 4/2011, Nr. 248, S. 154.

58 in: Treue in der Ehe ist gut für die Gesundheit, in: idea-spektrum 47/2011, S.12.

59 Judith Wallerstein/Sandra Blakelee, Gute Ehe, wie und warum die Liebe dauert, Beltz Quadria, Weinheim/Berlin ^{3}1997, S. 249ff.

60 Hartmut Bärend, in: Contrapunkt 4/1981, S. 8.

61 Hansjörg Bräumer, Bis der Tod euch scheidet, in: Kurt Scherer (Hrsg.): Unter Gottes Ordnung, Bundes Verlag, Witten 1980, S. 130.

62 Ebda., S. 133.

63 Gottman, a.a.O., S. 310ff.

64 Jay E. Adams, Handbuch der Seelsorge, Brunnen Verlag, Giessen/Basel 1976, S. 262.

Ausdrucksform Nr. 17: Liebe ist Agape (Liebe aus Gott)

65 Gary Chapman, Die fünf Sprachen der Liebe, Francke Verlag, Marburg ^{9}2008 , S. 154.

66 Lehnert/Lehnert, a.a.O., S. 71ff.

67 Brunner, a.a.O., S. 30f.

Die vier Persönlichkeitsstrukturen

Reinhold Ruthe
Typen und Temperamente
Paperback, 208 Seiten
ISBN 978-3-87067-725-1

Jeder Mensch ist einzigartig, einmalig und spiegelt doch zugleich auch einen bestimmten Grundtypus wider.
Dieser bewährte Ratgeber von Reinhold Ruthe hilft, Stärken und Schwächen zu entdecken, Talente und Fähigkeiten herauszufinden.
Ein ausführliches Testverfahren verhilft zu einem annähernd genauen Profil der eigenen Persönlichkeit.

Brendow
VERLAG + MEDIEN

Für Frischverliebte

Reinhold Ruthe
Hauptsache verliebt?
Paperback, 128 Seiten
ISBN 978-3-86506-408-0

Der Ratgeber für Frischverliebte in modernen Zeiten zwischen Bindungsangst und überhöhten Erwartungen an die Liebe. Fundiert und prägnant auf den Punkt gebracht!

Brendow
VERLAG + MEDIEN